Mit den 4 P's zum Erfolg

Authentisches Marketing für Gesundheits- und Wellnessprofis

*Andrea Schulte-Herr*

PERSÖNLICHKEIT / PASSION / PRÄSENZ / PLATTFORM
# Mit den 4 P's zum Erfolg
Authentisches Marketing für Gesundheits- und Wellnessprofis

1. Auflage, 2011
Veröffentlicht im Synergia Verlag, Erbacher Straße 107,
64287 Darmstadt, www.synergia-verlag.de
Alle Rechte vorbehalten
Copyright 2011 by Synergia Verlag, Darmstadt

Umschlaggestaltung, Gestaltung und Satz: FontFront.com, Darmstadt
Printed in EU
ISBN-13: 978-3-939272-16-8

Bibliografische Information der Deutschen Bibliothek
Die Deutsche Bibliothek verzeichnet diese Publikation in der deutschen Nationalbibliographie;
detaillierte bibliografische Daten sind im Internet unter http://dnb.ddb.de abrufbar.

## Perspektiven für ihren Erfolg — 11
Authentisches Marketing beginnt bei ihnen — 11
Die Kunden der Zukunft — 13

## Kapitel 1 – Persönlichkeit — 15

### Sie sind einmalig — 15
Ihrer Persönlichkeit auf der Spur — 16
   Test 1: Facetten ihrer Persönlichkeit — 17
Werte sind Motivatoren — 19
   Test 2: Werteerforschung — 19

### Ihre Wirk-Kompetenz — 22
Alles ist mit allem verbunden — 22
   Test 3: Das Körperlesen — 23
   Praxisbeispiel zur Wirk-Kompetenz — 27
Aus Feedback lernen — 28

## Kapitel 2 – Passion — 31

### Vertrauen sie ihrem Herzen — 31
Vom Mangel in die Fülle — 31
Praxisbeispiel eines Personal Trainers — 33
Entdecken sie ihr Herzblut-Thema — 34
   Übung 1: Die persönliche Stärken-Liste — 34
   Übung 2: Die Standort-Bestimmung — 36
   Übung 3: Füllen sie ihre Schatzkiste — 37

### Mit 80/20 zum Erfolg — 37
Vom Bauchladen zur Spezialistenlandschaft — 38
   Übung 4: Ihre Wunschkunden aufspüren — 40
Kunden wollen Lösungen — 42
   Praxisbeispiel: Suche nach einem Gesundheitsprofi — 43
Untrügliche Zeichen für Erfolg — 43
Der Motivations-Fahrplan — 44

### Von Erfolgsverhinderern und Barrieren — 46
Die Komfortzone verlassen — 47
Gespräch mit einem Bedenkenträger — 47
Kraftsätze statt Glaubenssätze — 48

## Kapitel 3 – Präsenz — 51

### Ausstrahlung enfalten — 51
Unterstützer für ihr Selbstmarketing — 52
Augenkontakt ist Nr. 1 — 53
Die Signale ihrer Kleidung — 54

### Die Kraft der Farben — 55
Optischer Türöffner — 56
Black is beautiful? — 56
Farbfamilien und ihre Botschaften — 57
Farben und Persönlichkeit — 59
Farben – Swing für ihre Räume — 60

### Mit Leichtigkeit Kontakte knüpfen — 63
Von der inneren zur äußeren Haltung — 63
Die knackig-kurze Selbstpräsentation — 64
    Übung 5: Weg zu ihrer 10-Sekunden-Werbung — 66
Sich vorstellen mit GNIF — 67
Kleines Gespräch mit großer Wirkung — 69
Vom Small Talk zum Business Talk — 70
Die galante Verabschiedung — 71
Small Talk – Spielregeln — 72

## Kapitel 4 – Plattform — 75

### Der Auftritt ihres Unternehmens — 75
Flyer, Visitenkarte, Geschäftspapier — 76
    Bilder sprechen Bände — 77
Der Internet – Auftritt — 77
    Heilpraktiker aufgepasst — 79
Werbung über Printmedien — 80

### Werbeplattformen nutzen — 81
Netzwerk – Aktivitäten — 83
Kunden – Netzwerke — 84
Einstieg ins reale Netzwerken — 85
Hilfreiche Multiplikatoren — 87

### Machen sie ihre Kunden zu Fans — 87
Emotionales Verkaufen — 89

Aktiv Beraten durch Türöffner 90
Kunden mögen Orientierung 91

**Zum Schluss** **94**
Danke 94
Vita der Autorin 95
Empfehlungen/Buch- und Linktipps
  zu Persönlichkeit 95
  zu Passion 96
  zu Präsenz 96
  zu Plattform 96
Fotos/Skizzen 97

# Perspektiven für ihren Erfolg

Sie lesen vom Geheimnis eines erfolgreichen authentischen Marketings und von den Perspektiven als Gesundheits- und Wellnessprofi. Sie erfahren, an wen das Buch sich wendet und warum es für sie bereichernd ist.

## Authentisches Marketing beginnt bei ihnen

Wer Werbung in eigener Sache betreibt, möchte sich fachlich versichert darstellen, und zudem vertrauenswürdig und überzeugend sein. Das ist leichter gesagt als getan.
Wie gelangen sie zu einen stimmigen Positionierungskonzept, das Erfolg hat? Warum gibt es einen Marketing-Ratgeber speziell für Gesundheits- und Wellnessprofis?
Sie möchten durch ihr Fachwissen überzeugen. Gleichzeitig vermitteln sie in einem sensiblen Themenfeld, für das sie Vertrauen bei ihren Kunden gewinnen wollen. Sie besitzen ihre Eigenarten, ihre ganz individuelle Wirkung auf ihr Gegenüber. Der Blick darauf, wie sie ihre Facetten einsetzen, was zu unterstreichen sich lohnt, ist nicht nur höchst interessant, sondern auch lohnenswert. Denn nichts ist authentischer als die Tatsache, eigene Stärken zu kennen und sie auszustrahlen.
Ein klassisches Marketingkonzept vermittelt übliche Strategien, die wahrscheinlich nicht stimmig für sie sind. Sie werden sich darin nicht wieder finden, ganz gleich, ob sie sich am Anfang, beim Wieder- oder Quereinstieg in ihr Berufsfeld befinden.

Ich spreche mit diesem Buch die Menschen an, die beruflich in Sachen Gesundheitspflege, Fitness und Wohlfühlen unterwegs sind. Es sind Gesundheits- und Ernährungsberater, Personal Trainer, Entspannungspädagogen, Ayurveda Therapeuten, Heilpraktiker, Physiotherapeuten und Osteopathen, Wellnessprofis wie Kosmetikerinnen, Spa Therapeuten und Masseure aller Fachrichtungen, Übungsleiter für Yoga oder Feldenkrais und Lifestyle Experten wie Feng Shui Berater, Life Coaches und Imageberater.
Stellen sie sich ihre Positionierung als Gesundheits- und Wellnessprofi wie eine Bergbesteigung mit vier Abschnitten vor. In den ersten beiden Kapiteln dieses Buches reflektieren sie, wer sie sind und was sie antreibt. Sie erforschen

ihre Herzblutwünsche und erkennen, was sich bereits alles fertig gepackt in ihrem Rucksack befindet. In Kapitel drei und vier werden sie ihre Ausrüstung ergänzen, sehen den Gipfel schon deutlich vor Augen und lernen weitere Schritte kennen, um erfolgreich ihre Kunden zu erreichen.

Dieses Buch ist für sie geeignet, wenn sie spüren, dass aktuell ihre Tätigkeit nicht zufrieden stellend verläuft, wenn sie neu starten oder einen Wiedereinstieg planen. Als Persönlichkeitscoach und Imageberaterin bilde ich die Brücke zwischen eigenen Stärken und individuellem Auftreten. Dazu nutze ich die colori Tyologie®, eine ganzheitlich orientierte Arbeitsweise, die das Annehmen persönlicher äußerer Aspekte und innerer Facetten möglich macht. Methoden aus der Farbpsychologie und dem systemischen Coaching unterstützen den Weg zu ihrem authentischen Marketing. Durch die Übungen und Tests richten sie die Lupe auf sich selbst und entdecken, was sie mitbringen und wie sie sich authentisch vermarkten.

Im Coaching mit meinen Kunden erlebe ich einen Moment als besonders wertvoll: Wenn sich bei meinem Gegenüber der Gedankennebel lichtet und in seinen leuchtenden Augen Herzblut zu erkennen ist für das, was er *wirklich* will. Wenn der Kunde sich erlaubt, den innersten Wünschen Raum zu geben, ist dieser Moment so befreiend wie eine Geburt. Dazu braucht es Mut, sich von Konventionen zu lösen, seine Träume auszusprechen, sich selbst zu vertrauen. Im Alltag und in feste Rollen verstrickt gelingt dies oftmals nicht. Sie kennen wahrscheinlich die „Ja-aber-Gedanken", die sie dazu veranlassen, alles beim Alten zu lassen, nicht dem Herzen, sondern der Vernunft zu folgen.

Sind sie erst motiviert ihr Leben und ihre Arbeit selbst in die Hand zu nehmen, können sie als Gesundheits- und Wellnessprofi all das erreichen, was ein erfülltes Arbeitsleben ausmacht. Sie werden ihre Talente nutzen und ihre hervorragenden Fähigkeiten unter Beweis stellen, eigene Ideen verwirklichen und wichtige Entscheidungen eigenverantwortlich treffen. Dabei erleben sie eine hohe Sinnerfüllung und Zufriedenheit. Sie werden auf dem Weg zu ihrem authentischen, erfolgreichen Marketing sicher Widerständen beggnen, Neues entdecken und vor allen Dingen für ihre Arbeit Verantwortung übernehmen. Dies bedingt auch, dass ich für gewonnene Ergebnisse der Übungen, Hinweise und Tests in diesem Buch keine Haftung übernehme.

Ich bin mir bewusst, dass in ihrem Arbeitsfeld möglicherweise vom Klient, Patient, oder Teilnehmer gesprochen wird. Dennoch schreibe ich in meinen Beispielen vom „Kunden", denn ich finde, dass jeder, der ihr Fachwissen und ihr Angebot nutzt, eine „Kunde" erfährt und daher diese Bezeichnung zutrifft. In diesem Buch wende ich mich an Frauen und ebenso wie an Männer. Aus

Platzgründen und Wiederholungsunlust verwende ich die männliche Form, wohl wissend, dass der Eine oder die Andere sich darüber wundert. Danke für ihr Verständnis.

## Die Kunden der Zukunft

Die Menschen haben eine Sehnsucht danach, in einem hektischen und fordernden Alltag wieder zu sich selbst kommen. Sie möchten bei steigendem Lebensalter beweglich bleiben und sie wollen selbst etwas dazu beitragen, möglichst lange agil und gesund zu bleiben. Der Bedarf an aktiver Gesundheiterhaltung und an Lebensqualität steigt stetig. Das heutige Berufsleben verläuft fremdbestimmt und ist in der schnelllebigen Zeit dicht gefüllt mit Aufgaben. Der Wunsch nach Ent-Spannung und Ent-Schleunigung ist groß und steigert sich noch aufgrund der angespannten Situation auf dem Arbeitsmarkt.

Und es steigt auch der Wunsch nach seelischem Wohlbefinden und Attraktivität, je älter die Menschen werden. Es werden Möglichkeiten zur Selbsthilfe gesucht und genutzt, insbesondere bei psychosomatischen Beschwerden, die im üblichen Praxisalltag des Arztes selten individuelle Beachtung finden.

In der Gesellschaft wechseln Trends in gewisser Regelmäßigkeit. Manche Trends haben einen nachhaltigeren Einfluss auf Konsum und Werte und entwickeln sich zu einem neuen Lebensstil.

Dr. Eike Wenzel, Journalist, Dozent, Forscher, tätig beim Zukunftsinstitut in Kelkheim, Deutschland sieht in den so genannten LOHAS (Die Abkürzung steht für **L**ifestyle **o**f **H**ealth **a**nd **S**ustainability) eine Kernzielgruppe für Gesundheits- und Wellnessprofis. Rund 40 % davon sind über 30 Jahre alt, weitere 40 % über 50. Die ansteigende Forderung nach ökologischem Landbau (seit der Ökobewegung in den 80er Jahren), der Trend zu asiatischen Sportarten, Entspannungs- und Heilungstechniken, die Hinwendung zu spirituellen Themen unterstützen diesen Trend. Die Kaufmotive der LOHASs sind Wirksamkeit, Verträglichkeit und „ethical correctness". LOHAS denken im Sinne von „besser" statt „mehr". Sie sind auf der Suche nach Qualität, Wohlfühlen und Genießen, gepaart mit dem Wunsch nach Nachhaltigkeit und Glaubhaftigkeit.

Ihre zukünftigen Kunden stellen sie also auf den Prüfstand, ganz gleich ob sie einen Impulsvortrag halten, in einem Workshop überzeugen wollen oder ihre Werbung gelesen wird. Ihre Klarheit und Glaubwürdigkeit wird überprüft. Und man erwartet von ihnen ein sicheres und unverfälschtes Auftreten. Immerhin, bei einem Termin bei ihnen geht es um etwas Privates, etwas

Persönliches und/oder Intimes. Möglicherweise haben sich ihre Kunden bei ihnen auszuziehen. Oder sie berichten von einem Dilemma, das sie beschäftigt. Sie erwarten also einen Gesundheits- und Wellnessprofi, zu dem sie Vertrauen aufbauen können.

Sie erhalten mit diesem Ratgeber hilfreiche Erkenntnisse und Tipps, die sie auf dem Weg zur authentischen und für sie stimmigen Selbstvermarktung stärken. Die Kapitel PERSÖNLICHKEIT, PASSION, PRÄSENZ und PLATTFORM bauen aufeinander auf. Nutzen sie dieses Arbeitsbuch wahlweise Kapitel für Kapitel oder in Form einzelner Abschnitte, die sie passend zu ihrer Situation gerade „anlächeln."

Ich wünsche ihnen viele Impulse und kreative Ideen dabei.

An ihren Erfahrungen mit den vier Ps bin ich sehr interessiert und freue mich über ihre Rückmeldung. Sie finden meine Kontaktdaten und weitere Infos auf meiner Internet Plattform www.colori-akademie.de

Andrea Schulte-Herr

# Kapitel 1 – Persönlichkeit

WAS sie ausmacht. In diesem Kapitel ist die Konzentration auf ihrer Person mit allen ihren Facetten. Sie werden ihre Fähigkeiten und ihre Motivation beleuchten. Sie sind ihren Potentialen auf der Spur und klären ihre Wirkung auf Andere.

Für dieses Kapitel habe ich die Farbe „Blau" gewählt. Diese Farbe gibt Gelassenheit und Weite. Sie verbindet sich mit dem Himmel und dem Wasser. Die Begriffe Seriosität, Kühle, Ruhe und Erfrischung werden mit Blau assoziiert. Blau steht für das Hals-Chakra mit der körperlichen Entsprechung zwischen Halsgrube und Kehlkopf. Sagen können, was zu sagen ist, aber auch schweigen können ist das Thema dieser Farbe, die niemals aufregt.

Die Farbe beruhigt, senkt den Blutdruck, wirkt kühlend, zusammenziehend und regulierend.

Bei intensiver Kopfarbeit am Schreibtisch unterstützt Blau ihre Konzentration. Nutzen sie die wohltuende, kühlende Wirkung, indem sie zur Beruhigung der Augen die Farbe visualisieren. Denn nichts ist ausgleichender als ein Blick auf den blauen Bergsee, in den Himmel, oder am Arbeitsplatz auf den blauen Bildschirmschoner.

## Sie sind einmalig

Wissen sie, wer sie selbst sind und was sie persönlich erreichen können und wollen? Vielen Menschen ist unklar, wie sie sich einschätzen können – egal, ob dies eher positiv oder negativ ausfallen würde. Es erfordert eine intensive Beschäftigung mit sich selbst, ein gezieltes Hinterfragen der bisherigen Einsichten, um zu einem schlüssigen Selbstbild zu gelangen. Dieser Prozess der Selbsterkenntnis ist keine leichte Sache.

Sind sie unzufrieden mit dem, was ist und auf der Suche nach dem, was ihnen zu fehlen scheint? Wenn sie dies im Außen suchen, wird sich nicht wirklich etwas ändern. Denn das, was sie zu mehr Zufriedenheit brauchen, tragen sie bereits in sich. Unter Milliarden von Menschen gibt es sie nur einmal, sie mit ihrem typischen Lächeln, ihrem besonderen Blick, dem klaren Verstand oder den leuchtenden Augen. Sie mit ihrer Begeisterungsfähigkeit oder ihrer

Gelassenheit, mit ihrer Überzeugungskraft oder ihrer besonderen Weise, Kontakt zu Anderen herzustellen. Vielen ist diese Tatsache nicht bewusst. Das Selbst-Bild, also der Blick auf sich selbst ist verstellt. Das, was beim anderen ankommt, das Fremd-Bild, ist oft nicht deckungsgleich mit dem, wie sie sich sehen oder auch sehen wollen. In diesem Kapitel fokussieren sie sich auf ihre Talente, ihre Werte und ihre Wirk-Kompetenz. Schummeln sie sich nicht an Einsichten oder Erkenntnissen vorbei!

## Ihrer Persönlichkeit auf der Spur

Alles, was ihre Persönlichkeit ausmacht, ihre Eigenschaften, mit welcher Energie sie leben, was sie ausstrahlen, betrachten sie einmal als Quelle, aus der ständig Botschaften fließen. Diese Quelle ist ein Sender, der in einer ganz bestimmten Wellenlänge ständig eine Art „Erkennungsmelodie" sendet. Wenn sie „stimmt", sagen wir von ihr im täglichen Sprachgebrauch gerne: „Person XY liegt auf meiner Wellenlänge", oder: „die Chemie stimmt".

Bild A

Bild B

Dementsprechend werden ihre Kunden sie auf unterschiedliche Weise wahrnehmen und auf sie reagieren, da sie eine Resonanz auf sie entwickeln. Entweder schwingen sie mit ihnen, da ähnliche Wellenlängen bestehen (Bild A). In dem Fall entwickelt sich schnell erste Sympathie, durch die eine entspannte (geschäftliche) Verbindung entstehen kann.

Oder es begegnen ihnen Kunden, die ganz anders „ticken" als sie. Diese fühlen sich aus bewusstem oder unbewusstem Defizit heraus von ihnen angezogen (Bild B).

Wie auch immer. Sie werden sich keine Eigenschaften aneignen können, die nicht ihre sind. Sicher werden sie sich in Kommunikations- und Verhaltensseminaren so genannte Skills antrainieren, mit denen sie versiert auftreten können. Ich vergleiche diese Tipps gerne mit ein paar hilfreichen Krücken, die sie dann nicht mehr benötigen, wenn sie sich ihrer ureigenen Potentiale sicher sind. Schon binnen weniger Sekunden können die Krücken beiseite gelegt werden und ihr eigenes Temperament, ihre persönliche Art wird sich durchsetzen. Wichtig ist, dass sie erkannt haben, wie sie persönlich „gestrickt" sind. Erst das Annehmen eigener Potentiale stärkt ihr Selbst. Es entwickeln sich Selbst-Bewusstsein und Authentizität.

### Test 1: Facetten ihrer Persönlichkeit

Schenken sie zu diesem Schritt folgenden Fragen Aufmerksamkeit. Widmen sie ihnen in den nächsten 8 Tagen täglich mindestens 10 Minuten Zeit, gerne auch mehr. Besonders geeignet ist die Zeit nach einem Abendspaziergang.

Verwenden sie leere Blätter, die genügend Platz für ihre Stichwortsammlung lassen. Falls ihnen dazu Bilder, Skizzen oder Farben einfallen, sind diese natürlich ebenfalls willkommen. Sorgen sie für eine ungestörte Atmosphäre und notieren sie auch die Antworten, die ihnen früh morgens oder während des Tages spontan in den Sinn kommen.

**Persönlichkeitsmerkmale**
- Welche Eigenschaft(en) habe ich besonders gern an mir?
- Welche davon sind meine herausragende Eigenschaften?
- Was mag ich an mir überhaupt nicht?
- Welche Eigenschaften an anderen machen mich nachdenklich?
- Welche ist meine besondere Stärke im Umgang mit Anderen?
- Wie kann ich diese Stärken stärken?
- Was sind meine Schwächen?
- Welche will ich loslassen, welche als Lernfeld annehmen?
- Wie würde mich mein bester Freund beschreiben?

## Gemeinschaft

- Warum sind andere Menschen gerne in meiner Nähe?
- Welche Rolle spiele ich in einem Team?
- Wobei kann ich ein Team hemmen oder voran bringen?
- Wie schätze ich mein Arbeitstempo ein?
- Wie handle ich während meiner Arbeit? Handle ich prozessorientiert, gemeinschaftsorientiert, ergebnisorientiert, nutzenorientiert?
- Welche Reaktionen erhalte ich von meinen Kollegen/Geschäftspartnern?
- Wie erlebe ich mich in negativem Stress?
- Was bewirkt meine Stressreaktion bei Anderen?

## Lebensfreude

- Wie lautet mein Lebensmotto?
- Wie würde der passende Spielfilm dazu heißen?
- Was macht mich glücklich?
- Was ist für mich Ausstrahlung?
- Wie oft am Tag gebe ich mir Wertschätzung?
- Wann und wie sorge ich für Entspannung/einen Moment der Stille?
- Was tue ich für meine Gesundheit?
- Was wünscht sich meine Seele?
- Wie viel Freude erlebe ich davon im derzeitigen Job, wie viel außerhalb davon?
- Was macht mir besonders Freude und Vergnügen?
- Was verhindert Freude und Vergnügen?
- Was wollte ich schon mal tun – und habe mich bisher nicht getraut?

## Werte sind Motivatoren

Werte sind die Motivationsfaktoren, die hinter ihrem Ziel, ihren Plänen und hinter ihrem Verhalten stehen. Sie bilden die oft unbewusste Basis dafür, wie sie sich in ihrer Welt zurecht finden. Immer dann, wenn sie Entscheidungen zu fällen haben, Handlungsschritte gefragt sind oder Kontakte mit Menschen überprüft werden, schaltet sich ihr Wertesystem ein und überprüft die Erfüllung ihrer Werte.

ihr Wertedenken funktioniert wie ein Sortierer, in dem entschieden wird, was ihnen wichtig ist und was nicht. Schon deren Bewusstmachung kann zu Veränderungen führen und manche Konflikte bereinigen.

Wenn sie oft gegen ihre innersten Vorstellungen handeln, kann das Gefühl von Überlastung oder Leere entstehen. Sie leben nicht im Einklang mit dem, was sie eigentlich antreibt und wofür sie innerlich stehen. Haben sie jedoch ihre Werte entsprechend nach ihrer Überzeugung gehandelt, dann erleben sie an sich das Gefühl von Erfüllt-Sein.

Die eigene Mitte finden, in Balance sein – wir finden dafür Ausdrücke, die nur vage das Gefühl beschreiben, das sich dann ausbreitet. Entsprechend zeigen sich im Alltagsleben eine hohe Motivation, Belastbarkeit und Kraft, da wir mit Überzeugung dabei sind. Was wir leidenschaftlich gerne tun, werden wir auch besonders gut beherrschen.

Durch den folgenden Test wird die Motivation für unser tägliches Handeln deutlicher. Erfahrungsgemäß können sie sich so ein Stück mehr annehmen. Gleich welche Werte für sie von Bedeutung sind, sie werden nicht be-*wert*-et.

## Test 2: Werteerforschung

Umkreisen sie aus dieser Liste die acht Wertebegriffe, die für sie im privaten Kontext von besonderer Bedeutung sind. Ergänzen sie dabei diese Liste nach Belieben um eigene Werte, die hier nicht genannt werden, die aber für sie wichtig sind.

Danach umkreisen sie mit einer anderen Stiftfarbe acht der Werte, die für sie am wichtigsten in Bezug auf ihr berufliches Feld sind. Reduzieren sie anschließend die Auswahl der privaten und beruflichen Nennungen auf je drei, die bei ihnen an erster Stelle stehen.

| | | |
|---|---|---|
| Abenteuer | Erfolg | Macht |
| Absicherung | Familie | Natur |
| Anderen helfen | Fachkompetenz | Öffentlichkeit |
| Anerkennung | Freundschaft | Ordnung |
| Arbeit im Team | Gelassenheit | Persönlichkeitsentwicklung |
| Beruflich weiterkommen | Geld | Qualität von Dingen |
| Beziehung | Gemeinschaft | Religion |
| Demokratie | Kompetenz | Ruhm |
| Disziplin | Kunst | Selbstführung |
| Ehrlichkeit | Kreativität | Status |
| Engagement | Körperliche Fitness | Umweltbewusstsein |
| Entschlusskraft | Leistung | Unabhängigkeit |
| | | |

Anschließend vergleichen sie die farblich unterschiedlichen Markierungen:

- Wo gibt es gleiche Nennungen?
- Wo gibt es Überschneidungen oder sogar Widersprüche?
- Vielleicht wünschen sie sich, dass private und berufliche Präferenzen eher deckungsgleich wären, es aber bisher nicht sind?
- Was bedeutet für sie ihr persönlicher Erfolg als Gesundheits- oder Wellnessprofi? Was genau soll sich erfüllen?

Besonders bei dem Wert „Erfolg" kann ich an mir und auch an vielen Kunden und Teilnehmern beobachten, dass ein innerer „Antreiber" oft hohe Erwartungen formuliert. Ich nenne ihn gerne „den Perfektionisten", ein hoch motivierter Persönlichkeitsteil (IFS-Arbeit aus dem systemischen Coaching), der wie ein innerer Motor unentwegt arbeitet und die Messlatte der eigenen, zu erbringenden Leistungen sehr hoch legt.

Über einen inneren Dialog mit einem dominanten Teil der eigenen Persönlichkeit (wie z.B. dem Perfektionisten) wird es wie in einem guten Gespräch mit einem Gegenüber möglich, mehr Verständnis und mehr Beziehung zu diesem Teil von sich aufzubauen.

Dieses innere Selbstgespräch erscheint ungewöhnlich. Es geht vor allem darum, durch gedankliche Fragen die Anliegen, Befürchtungen und Interessen eines besonderen Persönlichkeitsteils besser zu verstehen. Der innere Dialog hilft ihnen dabei, mehr Gespür für die eigene Geschichte und daraus entstandene Überzeugungen zu entwickeln. Das wirkt sich positiv auf die Form der Selbstführung im täglichen Leben aus.

Wichtig für ihre Zufriedenheit ist es, die ihnen wichtigen Wertethemen bestmöglich in Einklang zu bringen. Das gewährleistet auch, dass ihre „Batterien" für weitere Schritte gut gefüllt sind.

Die Antworten zu oben genannten Fragen werden ihnen helfen, über wichtige Werte und Motive in ihrem Leben Klärung zu erhalten. Notieren sie sich auch ihre Gedanken zum Thema – Erfolg – und halten sie auch die Notizen griffbereit, damit sie in regelmäßigen Abständen immer wieder darauf schauen können. So werden sie erinnert und sehen, ob sich ihre Wünsche erfüllen.

## Ihre Wirk-Kompetenz

Bei der Begegnung mit Anderen wird (bewusst oder unbewusst) der Körper eines Gegenübers wahrgenommen, um ihn einschätzen zu können. Dabei spricht der Körper eine eindeutige Sprache. Bei der ganzheitlichen Betrachtung eines Menschen können wir darauf vertrauen, dass das innere Wesen in seinem Körper Ausdruck findet. Nicht nur Haltung, Mimik oder Bewegung des Körpers spiegeln seine innere Haltung wieder. Die gesamte Statur, die Größe, der Körperbau und die individuelle Pigmentierung geben Aufschluss darüber, wie jemand „gestrickt ist."

Diese Betrachtungsweise ist nicht neu. Die Wurzeln der über 2000 Jahre alten Lehre der Physiognomik liegen in der indischen Heilkunst, dem Ayurveda und in der Traditionellen Chinesischen Medizin. Im Ayurveda wird ausgehend von bestimmten äußeren Merkmalen die Zuordnung zu einem bestimmten Konstitutionstyp vorgenommen. Für die verschiedenen Typen gibt es unterschiedliche Empfehlungen für die Gesunderhaltung, für die Ernährung und Bewegung.

Trotz heutiger Körperinszenierung zwischen Fitnesswahn und Modediktat ist festzuhalten, dass niemand seine Statur austauschen kann, selbst wenn er einige Kilo mehr oder weniger sein Eigen nennt.

Das „Körperlesen" ist aus meiner Sicht die Chance, zu erkennen und anzunehmen was ist, sich seinem Wesenskern zu nähern. Und aus entdecktem Potential seine Möglichkeiten zu entwickeln. Diese Betrachtung kann dabei helfen, sich der eigenen Wirkung klarer zu werden. Analog zur Körperform gibt das folgende Persönlichkeitsprofil einen Hinweis auf die Farbfamilie, die den Typ optisch unterstützt. Dabei ersetzt es nicht das persönliche typologische Coaching oder eine individuelle Farbanalyse.

## Alles ist mit allem verbunden

Der folgende Test ermöglicht einen Blick auf vier verschiedenen Typen mit ihren individuellen Persönlichkeitsmerkmalen. Ordnen sie sich zunächst anhand der Abbildungen der vier Körperformen zu und markieren sie den Typ, dem sie entsprechen. Die Beschreibung des Körpers bezieht sich auf einen erwachsenen Menschen. Natürlich verändern sich Gewicht und Pigmentierung des Körpers im Alter, aber auch dann treffen bei genauer Betrachtung die meisten Punkte zu. Danach lesen sie die weiteren Angaben (Merkmale, Lernfelder, Wirk-Kompetenz etc.) zu diesem Typ. Dabei markieren sie alle die Eigenschaften, die sie an sich kennen oder die ihnen häufig als Rückmeldung gegeben werden.

## Test 3: Das Körperlesen

**Typ A**

Trichter-Form          A-Form

| | |
|---|---|
| **Körperform** | **Bei Frauen:**<br>Trichter-Form: Schulterpartie breiter als Hüftbreite, muskulös, sportlich, androgyn, drahtig, schmales Gesicht, lange, gerade Beine, Haare glatt oder leicht lockig, Haarfarbe meist blond, aschblond, rötlich, hell- mittelbraun.<br>**Bei Männern:**<br>A-Form: Schulterpartie schmaler als Hüftpartie, untersetzte Statur, neigt zu Brustansatz, androgynes Gesicht, Haare glatt oder leicht lockig, Haarfarbe meist blond, aschblond, rötlich, hell- mittelbraun, schneller Muskelaufbau. |
| **Merkmale** | ideenreich, unkonventionell, spontan, schnell zu begeistern, motivierend, beweglicher Verstand, kreativ, schnelles Arbeitstempo, kämpferisch, prozessorientiert, starkes Ego. |
| **Lernfelder** | benötigt Struktur, da er sich gerne verzettelt, fängt Vieles an ohne es zu beenden, benötigt einen roten Faden oder einen strukturierenden Partner, sich im Tempo anpassen, Ego-Trip regulieren, Geduld für Teamprozesse entwickeln. |
| **Motto** | Was kostet die Welt?/Hoppla, jetzt komm ich. |
| **Stärken im Kontakt mit Menschen** | begeisternd und kreativ, unkonventionell, der Motivator, der Querdenker, der Visionär, der Entwickler, mehr Einzelkämpfer als Teamplayer, macht Mut, andere Wege zu gehen, ist offen für Neues, begeistert durch seine Lässigkeit oder seine unkonventionelle Art. |
| **Farbtyp** | Die Farben der Farbfamilie, die im Kapitel PRÄSENZ mit ♦ gekennzeichnet sind. |

| | |
|---|---|
| **Typ B** | Sanduhr-Form       V-Form |
| **Körperform** | **Bei Frauen und Männern:** Ovale Gesichtsform, aschblondes bis brünettes, dünnes, glattes Haar, Neigung zu hohem Haaransatz und Schlupflidern. Kann „von der Stange" Kleidung in einer Durchschnitts-Konfektionsgröße kaufen. **Bei Frauen:** Sanduhr-Form mit deutlicher Taille. **Bei Männern:** Y-Linie: breite Schultern mit schmaler Taille. |
| **Merkmale** | selbstbewusst, intuitiv, anspruchsvoll, kontaktfreudig, kritisch, ehrgeizig, auf dem Rahmen bedacht, lebhaft, charismatisch, starke Präsenz und Redegewandtheit, ergebnisorientiert. |
| **Lernfelder** | Teamfähigkeit üben, weniger bewerten, mehr annehmen oder sein lassen, Innenreflektion anstreben und Anspruch regulieren, Sparsamkeit, Selbstwert erkennen, weniger ist mehr. |
| **Motto** | Habe einen einfachen Geschmack – von allem das Beste! |
| **Stärken im Kontakt mit Menschen** | Qualitätsbewusstsein, charismatisch, Gespür für Trends und Neues, rhetorisch versiert, verbindlich, sicher in repräsentativen Rollen, der Ästhetik verpflichtet, souveräne Ausstrahlung, gerne in der Moderation. |
| **Farbtyp** | Die Farben der Farbfamilie, die im Kapitel PRÄSENZ mit ■ gekennzeichnet sind. |

| | |
|---|---|
| **Typ C** | Birnen-Form  Birnen-Form |
| **Körperform** | **Bei Frauen:** Schulterpartie schmaler als Hüftpartie, stark weibl. Proportionen (ausgeprägtes Becken, Po, Ober- und Unterschenkel), kräftige kastanienbraune Haare, oft lockig, Tendenz zu Sommersprossen. **Bei Männern:** Kräftiger Körperbau, gut proportioniert, auch bei Bauchansatz/Übergewicht eine ausgewogen männliche Figur, ausdruckstarke Augen, dichtes, oft welliges Haar. |
| **Merkmale** | bodenständig, vertrauenswürdig, gemeinschaftsorientiert, fleißig, ausdauernd, sozial, der Sympath, hilfsbereit, harmonieliebend, gesellig, sparsam, konstantes Tempo. |
| **Lernfelder** | sich abgrenzen lernen, Bewusstsein für eigene Stärken sehen, Selbst-Wert erkennen und stärken, Kritikfähigkeit üben, nicht Harmonie um jeden Preis, Nein-sagen üben. |
| **Motto** | Gemeinsam sind wir stark! |
| **Stärken im Kontakt mit Menschen** | hohes Einfühlungsvermögen, guter Zuhörer, Vermittler und Teamplayer, beziehungsorientiert, das Herz einer Gruppe, Qualitätsbewusstsein, zuverlässig, ausdauernd, seriös, vorsorgend. |
| **Farbtyp** | Die Farben der Farbfamilie, die im Kapitel PRÄSENZ mit ● gekennzeichnet sind. |

| | | |
|---|---|---|
| **Typ D** | Röhren-Form | Kasten-Form |
| **Körperform** | **Bei Frauen + Männern:** Wenig Taille, dafür Hüft- und Schulter fast gleich breit, schmale Gelenke, kastige Figur mit gerader Schulterlinie, dichtes, dunkles Haar, dunkelbraun bis schwarz, intensiver Augenausdruck, fixierender Blick der Augen. | |
| **Merkmale** | liebt logisches Denken, Zahlen, Daten, Fakten, beherrscht, analytisch, Struktur liebend und Struktur gebend, eloquent, ausufernd, wenn's um die Sache geht, ehrlich, unverblümt, zielorientiert, introvertiert. | |
| **Lernfelder** | Feinstoffliches gelten lassen, mehr Bauch als Kopf, auch Grauzonen zulassen, Gefühle wahrnehmen und äußern, Empathie lernen, auf das Tempo Anderer achten, sich seiner Körperlichkeit bewusst werden. | |
| **Motto** | Ganz oder gar nicht, ist doch logisch! | |
| **Stärken im Kontakt mit Menschen** | der Stratege, ehrlich, Strukturgebend, Strukturliebend, ohne Schleifen zum Ziel kommen, Workoholiker, genau und zielorientiert, der Controller, der Wissenschaftler, klare Aussagen, geht in die Tiefe, mag keine Oberflächlichkeit oder Ungenauigkeit. | |
| **Farbtyp** | Die Farben der Farbfamilie, die im Kapitel PRÄSENZ mit ▲ gekennzeichnet sind | |

Quelle: colori Typologie®

Bei welchem Typ haben sie eine Übereinkunft von Abbildung und Merkmalen? Haben Sie bei den Merkmalen eines zweiten Typs viele Markierungen hinterlassen? Der Mensch hat vielerlei Facetten. Er ist geprägt durch seine Sozialisierung und Erziehung, so dass die Merkmale seiner Persönlichkeit individuell ausgeprägt sind. Somit ist ein Test eine Annäherung an eigene Potentiale, ein Einstieg in die Betrachtung persönlicher Facetten, und damit niemals vollständig. Auch dieser Test ist kein starres Schubladensystem. Empirische Beobachtungen mit diesem Persönlichkeitsprofil zeigen, dass sich die Probanten in einer, maximal zwei Beschreibungen eines Menschen wieder finden. Im Gespräch werden sie sich ihres eigentlichen Wesenskerns bewusst und nehmen an, was sie bisher „nur geahnt" haben.

Spüren sie nach, ob sie angekreuzte Merkmale eines Typs nur situativ ausleben oder ob sie öfter Rückmeldung dazu von Anderen erhalten haben. Manchmal ist das Selbst-Bild nicht mit dem Bild von Anderen übereinstimmend. Es ist gut möglich, dass sie beim Erforschen dieses Tests Widerstand verspüren und denken: Kann gar nicht sein! Oder: Kenne ich zwar - will ich aber gar nicht an mir sehen!

Im Coaching stelle ich fest, dass einige Persönlichkeitsmerkmale im Kontext der eigenen Geschichte negativ bewertet werden und sie in dem Bild von sich selbst nicht vorkommen sollen. Es lohnt sich, bei dem Typ mit den meisten markierten Merkmalen die zugehörigen Lernfelder genauer zu betrachten. Und Sie wissen ja, da wo der Widerstand ist, da ist auch die Gelegenheit, dem Weg weiter zu folgen, die Chance zur weiteren Entwicklung darin zu entdecken.

Werden sie sich ihrer Wirk-Kompetenz bewusster, stützt dies ihre Ich-Stärke und stärkt ihre Präsenz im Außen. Sie werden gerade beim Wunsch nach Veränderung selbst-bestimmter und können in beruflichen wie privaten Entscheidungen aus ihrem Potential schöpfen. Im Kapitel PRÄSENZ erfahren sie, wie sie ihren Farbtyp als optischen „Türöffner" für eine ansprechende Werbung ihres Unternehmens und für ihren authentischen Auftritt nutzen

### Praxisbeispiel zur Wirk-Kompetenz

*B. Arnold ist seit drei Jahren als Osteopath selbstständig. Zusammen mit seiner Frau leitet er ein Gesundheitszentrum. Beide praktizieren osteopathische Behandlungen als Einzelbehandlung. Zum Gesundheitszentrum gehört ein Seminarraum, in dem seine Frau Yoga für Gruppen anbietet.*

*Nachdem seine Frau im Frühjahr unfallbedingt für einige Wochen ausfiel, übernahm er ihre Termine. Er erlebte, dass nach kurzer Zeit die Kunden seiner Frau*

*geplante Folgetermine nicht wahrnahmen oder verschoben. Auf der Suche nach der Ursache wollte er sich Klarheit verschaffen. Gleichzeitig suchte er für sich eine neue Herausforderung mit dem Ziel, ein weiteres Angebot für das Gesundheitszentrum zu entwickeln. Im Coaching erkannte er an sich vielerlei Eigenschaften des Typs D. Eigenschaften, die er an sich schätzt, da sie seinem Leben Struktur verleihen und Richtung geben. Dazu ging er locker in Zahlen, Fakten und Daten um und war fit im Zeitmanagement, was ihm bei der Organisation des Gesundheitszentrum stets geholfen hat. Seine Kunden gaben ihm Rückmeldungen, die ihm bestätigten, dass er ohne Umschweife direkt ans Werk geht und dass seine kurzen, prägnanten Angaben während der Behandlung hilfreich waren. Er beschrieb sich als Mensch, der „keinen Schmuh" um die Dinge mache, sondern er gehe direkt aufs Problem zu, gradlinig und manchmal ein bisschen schroff. Seine Frau, so erkannte er, tendiert deutlich mehr zu Typ C. Sie ist einfühlsamer und langsamer im Tempo als er. Ihre Kunden, so verstand er, fühlten sich beim Wechsel zu ihm brüskiert von seiner Art und blieben daher aus.*

*Das Fazit seines Coachings war: Hr. Arnold bat bereits bei der Terminabsprache für seine „andere" Art um Verständnis. Innerhalb der Behandlung brachte er vor jeder neuen Übung eine kurze Erklärung, ehe er loslegte und gönnte den Kunden Mini-Pausen zwischen den Übungen. Zudem entdeckte er seine Freude an der Ausarbeitung verschiedener Fachthemen wieder. Bereits während seiner Ausbildung hatte er kurze Zusammenfassungen geschrieben, die er nun zu einstündigen Impulsvorträgen mit kleinen Praxisbeispielen vorbereitete. Die bietet er als Veranstaltungsprogramm an mit dem Fokus auf der Zielgruppe „Berufstätige mit der Thematik – Rückenbeschwerden am Arbeitsplatz". Sie finden im Yogaraum an zwei Abenden im Monat als feste Einrichtung für berufstätige Kunden statt und waren der Aufhänger für seine neue Werbeaktion mit Flyern und einem Werbeartikel im regionalen Anzeigenblatt. So gewann das Gesundheitszentrum neue Interessenten – und in Folge auch neue Kunden. Herr Arnold fand nach der Rückkehr seiner Frau in die Praxis mit der Entwicklung der einstündigen Vorträge ein neues Aufgabenfeld, das ihn zufrieden stellte. Heute nutzt er das Wissen zu seiner Wirk-Kompetenz indem er, wissend um seine direkte Art, einige Sätze mehr einfließen lässt und Fragen stellt statt Fachwissen doziert, wenn er neue Kunden- und Geschäftskontakte macht. Er nennt es: „mehr drum herum zulassen, statt Schwarz-Weiß-Denken".*

## Aus Feedback lernen

Wie können sie persönlich zu ihrer Wirk-Kompetenz Klärung erhalten? Ab und an hilft ein achtsames Feedback von jemandem, der sie in ihrem Beratungsumfeld erlebt hat. Das kann ein Kollege, ein Freund oder ein Coach sein, der ihnen durch ein direktes, achtsam formuliertes und dadurch wertvolles Feedback weiterhilft. Damit er ihnen eine Rückmeldung geben kann, überlegen sie sich vorab einige Fragen dazu.

Vorbereitung zum Feedbackgespräch

- Wie empfindest Du meine Haltung, mein Stand, meinen Augenkontakt?
- Wie ist die Stimmlage, in der ich spreche?
- Wie ist mir der Einstieg ins Gespräch gelungen?
- Wann habe ich freundlich gelächelt?
- Was war gut an meinem Beratungsgespräch?
- Was denkst Du ist im Kundengespräch meine Stärke?
- Worin bin ich deiner Meinung nach unsicher?
- Was kann ich an meinem Auftreten verbessern?
- Gibt es etwas was du mir noch mitteilen willst?

Dann hören sie der Meinung des anderen zu und, falls sie lernen möchten, ziehen sie etwas für sich daraus. Gerade dann, wenn sie eine Rückmeldung häufig hören, die sie nachdenklich stimmt oder sogar trifft, lohnt es sich, hier genauer hinzuschauen.

Als Feedback-Nehmer haken sie natürlich nach, wenn sie Verständnisfragen haben. Ansonsten wird das Feedback nicht kommentiert. Streichen sie vor allem jeden kleinen Ansatz von Rechtfertigung. Die ist hier unnötig. Lediglich ein Danke fürs Feedback ist erlaubt. Überlegen sie sich, welche Feedbacks sie direkt nutzen und umsetzen können. Es ist wichtig sich klar zu machen, dass der andere nie beschreiben kann, wie man ist, sondern immer nur wie er sie erlebt hat. Diese Wahrnehmung ist subjektiv und geschieht in den ersten Sekunden, auch bei ihren Kunden. Schon jetzt haben sie einen Eindruck hinterlassen, der nicht so schnell revidierbar ist.

*„Das größte Verbrechen, das wir gegen uns selbst verüben, ist nicht, dass wir unsere Schwächen leugnen und ablehnen, sondern, dass wir unsere Größe leugnen und ablehnen – weil sie uns erschreckt."*

*(Nathaniel Branden, Psychologe)*

# Kapitel 2 – Passion

WAS sie antreibt. Sie spüren ihr Herzblutthema auf und geben ihm Aufmerksamkeit, denn authentisches Marketing kommt von Herzen. In diesem Kapitel erkennen sie, wie sie ihre Erfolgsverhinderer entlarven. Sie beleuchten ihre Wunschzielgruppe, entdecken die Spezialistenlandschaft und fokussieren sich dadurch in ihrem Angebot.

Für dieses Kapitel habe ich die Farbe GRÜN gewählt. Grün steht für selbstlose Liebe, für alles was lebt. In Indien ist sie neben Rosa die Farbe der Liebe. Grün steht für das Herzchakra, das auf der körperlichen Ebene dem oberen Rücken, dem Kreislaufsystem und der Mitte der Brust zugeordnet wird.

Sein Thema ist die Weisheit und die Harmonie. Die Farbe wirkt beruhigend und regulierend auf das Herzkreislaufsystem und die Atmung. Sie hilft bei Schlafstörungen und Angstzuständen.

Nutzen sie Grün mit seiner balancierenden Wirkung, indem sie sich so oft wie möglich draußen in der Natur aufhalten. Gehen sie nach einem anstrengenden Tag für einen langen Spaziergang ins Grüne und verspüren sie, wie sie wieder Bodenhaftung kommen. Sie bringen Körper, Geist und Seele wieder in Einklang.

## Vertrauen sie ihrem Herzen

### Vom Mangel in die Fülle

*„Wenn sie darauf schauen, was andere Menschen machen, es mit ihrem Angebot vergleichen, dann schauen sie darauf, was Andere Besonderes machen. Damit schaue sie auf ihre Schwächen, anstatt auf das, was sie besonders macht. Obendrein lassen sie sich ablenken, recherchieren auf Webseiten und stoßen auf Experten, die was Gleiches anbieten. Etwas Gleiches anbieten ist nur ein Märchen, denn durch eigene Stärken und Talente ist jedes Angebot einzigartig. Manche Mangelexperten schaffen es tatsächlich, ihr ganzes Leben lang zu vergleichen ohne jemals das Gelernte in die Tat umzusetzen, denn sie konzentrieren sich darauf darauf, was fehlt, anstatt auf das, was sie geschafft haben."*

*Wenn sie auf Andere schauen, sind sie nicht bei sich selbst. Und wenn sie nicht bei sich sind, sind sie nicht in ihrer Mitte und das hindert sie daran mit Ausstrahlung und Energie sie selbst zu sein.*

*In der Folge ist ihre Energie überall, nur nicht bei ihrer Herzensangelegenheit, und so kann sich der gewünschte Erfolg nicht einstellen ... Konzentrieren sie sich nicht auf den Wettbewerb. Vertrauen sie auf das, was sie einzigartig macht und auf ihre Kunden, denen sie eine Lösung anbieten können. Dabei ist der Kuchen, also der Markt so groß, dass jeder satt wird.*

*Wenn sie jeden Tag ihr Bestes geben und auf das vertrauen, was zu ihnen passt, dann schauen sie auf die Fülle des Marktes und nicht auf den Mangel."*

Quelle: S. Piarry, Erfolgreich Netzwerken, ISBN 978-3-8370-5662-4

Mit diesem Zitat von Frau Piarry, der Vernetzungsspezialistin, spreche ich die Gründe an, warum möglicherweise ihr bisheriges Marketing nicht erfolgreich war. Wer kennt das nicht selbst:

Auf der Suche nach einer ansprechenden Webseite, einem tollen Logo oder eine flotten Selbstdarstellung entdecke ich im weltweiten Netz immer jemanden, der weiter, fitter, flotter ist als ich. Damit nehme ich mir den Wind aus den Segeln und habe so wenig Antrieb, mein eigenes Boot zum Fahren zu bringen.

Aus der Erfahrung mit meinen Coachingkunden stellen sich Gesundheits- und Wellnessprofis gerne selbst solche Fallen. Dazu gehört auch die so genannten „Bildungsjunkies", die sich gerne zur nächsten Fortbildung anmelden, damit sie noch kompetenter werden. „Jetzt noch den Master im Neurolinguistischen Programmieren, damit ich auch diese Qualifikation nachweisen kann – um wirklich gut zu sein, fehlt mir noch das Seminar XY – um ein richtig guter Personal Trainer zu sein, brauche ich noch..."

Und so hangeln sich viele von einer Fortbildung zur nächsten. Sicher, reine Lebenserfahrung, Motivation und Zertifikat reichen ihnen als Gesundheits- und Wellnessprofi nicht aus um erfolgreich in ihrem Metier zu arbeiten.

Ein Heilpraktiker erwirbt seine Zusatzqualifikation durch Spezialmethoden. Ein Personal Trainer möchte auf dem aktuellen Wissensstand sein und seine Professionalität durch aktuelle Methoden unter Beweis stellen. Ein Ernährungscoach wird sich durch Weiterbildung Fähigkeiten aneignen um die Grundausbildung zu vertiefen. Ich gehe einmal jährlich zu einer Fortbildung, um Kenntnisse zu vertiefen, um auf dem Laufenden zu sein und um mich mit Trainerkollegen zu vernetzen, mit denen ich mich austausche.

Fortbildungen bringen auch fort, aber nicht auf dem direkten Wege zum Erfolg, sondern über Nebenstraßen. Nicht jede ist notwendig. Auch die vorausgegangenen Bildungsschritte vermitteln Qualifikation, nur wird ihr oftmals nicht vertraut. Ich vermute, es sind willkommene Nebenstraßen, um den Start, den Wiedereinstieg oder -ausstieg aus dem alten Beruf hinauszuzögern. Kurz danach entsteht gleichsam wieder das gleiche Gefühl von Mangel. Vertrauensmangel in die eigene Kompetenz zeigt sich meist darin, dass sie sich an bekannten Koryphäen ihres Fachgebiets messen. Sie studieren deren Webseite genau, um dann zum wiederholten Male im Mangel zu bleiben, statt auf die Fülle zu schauen (Ich kann doch noch nicht genug/meine Webseite sieht nicht professionell genug aus/mein Flyer ist unfertig usw.).

**Tipp:** Planen sie eine Test-Phase. Gönnen sie sich zum Erreichen eines großen Ziels mehrere kleine Zwischenschritte. Bieten sie zum Beispiel einen Schnupperworkshop zu ihrem Herzblutthema an. Füllen sie diesen Workshop durch Akquise in ihrem Bekanntenkreis. So benötigen sie kein großes Werbebudget für Anzeigen oder Flyer.
In der Testphase zeigt sich, ob Kalkulation, Raum und Programm stimmen und ihr persönliches Ziel zum Workshopkonzept erfüllt wurde. Danach planen sie weitere Schritte.

## Praxisbeispiel eines Personal Trainers

*Frau C. Becker hat sich nach einem Jahr der Planung für den Spagat zwischen der Selbstständigkeit als Personal Trainerin und dem Angestelltsein als Arzthelferin entschieden. Sie wählt diese Lösung für ca. 6 Monate, um in den Startmonaten weiterhin ein Gehalt zu haben. Sie startet mit ihrer Selbstständigkeit Anfang Dezember. Zu diesem Zeitpunkt sind ihr Logo, die Visitenkarte und der Flyer entwickelt; ihre Webseite ist aus Zeitmangel noch nicht im Netz. Sie nutzt die bisher getätigten Kontakte für die Eröffnungswerbung und bietet erste Veranstaltungen an, und das, obwohl sie „komplett" starten wollte und ihr die fehlende Webseite Kopfschmerzen macht. Dabei wird ihr die Praxiserfahrung mit den Kunden und die Rückmeldungen weitere Motivation verleihen, so dass sie mit der zwischenzeitlich gemachten Erfahrung ihr Angebot auf der Webseite noch verfeinern wird.*

## Entdecken sie ihr Herzblut-Thema

Der oft genutzte Begriff Unique Selling Proposition (USP) bedeutet „einzigartiges Verkaufsversprechen" oder „Alleinstellungsmerkmal". Ursprünglich bezieht er sich auf ein zu verkaufendes Produkt oder eine angebotene Leistung. Die Überlegungen zum USP lassen sich sehr einfach übertragen auf die Frage nach ihrer persönlichen Unverwechselbarkeit:
Was können sie dem Kunden bieten, das er nur bei ihnen bekommen kann?

Mögliche Antworten sind diese Beispiele:
- Sie verfügen über sehr viel Erfahrung durch ein Praktikum bei ihrem Vorgänger, haben eine hohe Kompetenz erlangt und sind dadurch sattelfest. Auf dieser Grundlage können sie dem Kunden eine besonders intensive, Betreuung und Beratung bieten.
- Sie haben viel Erfahrung in einen anderweitigen Berufsfeld und konnten eine ganz bestimmte Gruppe von Menschen kennen lernen, deren „Denken" sie verstehen. Für diese Gruppe haben sie ein ganz besonderes Angebotspaket anzubieten.
- Ihre emotionale und soziale Intelligenz und ihre Kommunikationsfähigkeit sind ausgeprägt. Deshalb gelingt ihnen ein empathisches und sympathisches Auftreten, mit dem sie schnell eine Kundenbeziehung herstellen können.
- Sie stehen für Zuverlässigkeit und Schnelligkeit. Dem Kunden erwächst daraus ein bestimmter Zusatznutzen.
- Sie haben neuartige Angebots- oder Dienstleistungsideen, von denen der Kunde profitieren kann.
- Sie verfügen über außergewöhnliche Qualifikationen, zum Beispiel haben sie eine spezielle Ausbildung absolviert, bei einem in Asien bekannten Therapeuten, und dadurch geht ihre Zugangs- oder Behandlungsweise über das bisher bekannte Maß hinaus.

### Übung 1: Die persönliche Stärken-Liste

Nehmen sie sich für die persönliche Stärkenliste in den nächsten 8 Tagen täglich mindestens 10 Minuten Zeit. Hilfreich dabei ist ein geschützter Raum, in dem sie ihren Gedanken nachgehen können, auf Wunsch gerne mit ihrer Lieblingsmusik. Nun listen sie munter alle Dinge auf, die sie gut können (A). Dann betrachten sie sich in ihrem beruflichen Tun im Schneckentempo und halten gleichzeitig eine Lupe darauf, *wie* sie etwas tun (B). Je mehr sie ins Schreiben kommen, desto mehr Details fallen ihnen ein. Dabei ist es wichtig, dass sie nicht nur schlichte Sätze formulieren sondern Details und Ergebnisse ihrer Tätigkeit schildern.

**Beispiel eines Profis für Ganzheitskosmetik**
*Statt: „Ich kann schminken" lieber „Ich kann besonders gut ein Tages-Makeup herstellen, da ich ein Händchen für Farben habe und dezent schminke. Es geht mir leicht von der Hand und die Kundinnen fühlen sich damit richtig gut".*

| A. Dinge, die ich leidenschaftlich gern tue und bereits schon *früher* getan habe (Hobby, Tätigkeiten, Fähigkeiten aus der Kindheit/Jugend/als junger Erwachsener). |
|---|
| Ich kann ... |
| Ich kann ... |
|  |
| Nutzen sie weitere Blätter. Schreiben sie so detailliert wie möglich! |

| B. Dinge, die ich *heute* besonders gut beherrsche (Fähigkeiten im Job, im Umgang mit Menschen, Fertigkeiten, Hobbys). |
|---|
| Ich kann ... |
| Ich kann ... |
|  |
| Nutzen sie weitere Blätter. Schreiben sie so detailliert wie möglich! |

(Quelle: H. Liebmann: Der Nasenfaktor, ISBN 978-3-8349-0556-7)

Bei der Auswertung der Übung 1 werden sie feststellen, dass sich beim Vergleich ihrer gesammelten Stärken von Teil A mit Teil B eine „Schnittmenge" heraus stellt.

    Sie entsteht zwischen den Dingen, die sie mit Leidenschaft schon früher gemacht haben und den Themen, die sie auch heute noch begeistern. Dort steckt ihr Herzblut-Thema, das sie berührt und das sie mit noch mehr Leben füllen können. Sind sie Wieder-Einsteiger oder Quereinsteiger und haben bereits einige Praxiserfahrung in der Selbstständigkeit hinter sich, so sind die folgenden Fragen zur Klärung ihrer Standort-Bestimmung hilfreich. Bitte bereiten sie Stichworte oder auch ganze Sätze vor, ganz wie es ihnen einfällt.

## Übung 2: Die Standort – Bestimmung

- Für welches ihrer Angebote schlägt ihr Herz besonders?
- Bei welchen Aktivitäten fühlen sie sich besonders lebendig?
- Worüber vergessen sie die Zeit? Was geht ihnen leicht von der Hand?
- Was ist der besondere Nutzen, den sie mit ihrer Arbeit vermitteln?
- Was ist das Besondere an ihrer persönlichen Herangehensweise?
- Was machen sie anders als andere mit dem gleichen Tätigkeitsfeld?
- Welche Methoden verwenden sie bisher am häufigsten und welche am liebsten?

### Kunden

- Welche Kunden kommen zur Zeit zu ihnen?
- Welches Feedback geben ihnen ihre Kunden? Welches Wort/welche Rückmeldung fällt häufig?
- Was werden ihre Kunden ihrer besten Freundin über *sie* erzählen?
- Welche Kunden hätten sie gerne außerdem?
- Wenn sie einen Wunsch für ihre Positionierung frei haben (und eine gute Fee ihn erfüllen wird), wie oder wo sehen sie sich dann? Wer ist dann bei ihnen? Wie sieht das Umfeld aus?

### Geld und Finanzen

- Wenn sie sich jetzt neu positionieren, wo wollen sie in zwei Jahren sein?
- Wie viel Zeit möchten sie mit dem Erwerb und der Verwaltung ihres Geldes widmen?
- Was möchten sie in der Stunde/in einer Woche/in einem Monat verdienen?
- Wie ist ihre Altersvorsorge abgesichert? Wie trägt ihr Unternehmen dazu bei?

### Zukunft

- Welche Vorstellung haben sie von ihrer Zukunft? Wo müssten sie dafür über ihre bisherigen Grenzen gehen oder besonderen Mut entwickeln?
- Spinnen sie ruhig ein wenig, machen sie sich frei von den Vorstellungen anderer: Was ist das Verrückteste, was sie sich vorstellen können?
- Was ist eine wirkliche Herausforderung, etwas, wozu sie bislang noch nicht bereit waren?

## Übung 3: Füllen sie ihre Schatzkiste

Kaufen sie sich ein kleines Heft oder Büchlein in der Größe DIN A6, das sie immer bei sich tragen. Dort notieren sie alles, was ihnen Energie schenkt und zwar jeweils in ein bis zwei Sätzen. Es sollen anhebende, positive Gedanken sein, die ihnen tagsüber in den Sinn kommen oder wenn sie sich Zeit für eine Meditation nehmen.

Einige Beispiele: „Ich bin dankbar für meine Talente" oder „Das Leben schenkt mir jeden Tag neue Möglichkeiten."

Dazu nennen sie alles, was ihnen ihre Kunden als wohlwollende, wertschätzende Rückmeldung schenkten. Sie haben noch wenig Erfahrung in ihrem Fachgebiet? Dann achten sie ab jetzt auf Rückmeldungen, die ihnen während oder nach ihrer Arbeit gegeben werden. Notieren sie alles so genau wie möglich, als wenn sie eine Lupe auf die gemachte Erfahrung richten. Auf diese Weise füllen sie ihre Schatzkiste, so oft ihnen etwas einfällt.

(Quelle: A. Busch, Autorin)

*Wenn der Schuh passt, vergisst man den Fuss, wenn der Gürtel passt, vergisst man den Bauch, wenn das Herz passt, vergisst man Für und Wider.*

*(Chuang Tzu)*

## Mit 80/20 zum Erfolg

Investieren sie etwa 80 Prozent ihrer Zeit, ihres Budgets und ihrer Energie in eine, maximal zwei Zielgruppen, die sie für sich als Wunschkunden auserkoren haben. Auf der Suche danach wird ihnen Übung 4 (S. 40) behilflich sein. Sie verstehen diese Lieblingskunden möglicherweise aus einer privaten Erfahrung oder aus ihrem eigenen beruflichen Kontext heraus sehr gut. Oder sie haben aus anderen Gründen eine große Affinität zu ihnen.

Richten sie ihr Angebot genau auf diese Menschen aus. Kennenlern-Angebote bringen ihnen noch mehr Erfahrung mit dieser Lieblingskunden-Gruppe. Ihre Werbung, ihr Flyer, ihr Skript oder ihre Trainingsinhalte werden zukünftig genau die Sprache sprechen, die genau dieser Gruppe entspricht. Diese Menschen werden lesen und spüren: Ich kenne ihre Situation, ihr Anliegen lieber Kunde, und ich habe eine Lösung dafür anzubieten. Mit dieser Spezialisierung machen sie sich bekannt und damit gehen sie in ihre Werbung. Sie werden eine Menge Erfahrung sammeln und eigenen sich in kürzester Zeit eine Expertentum für diese Kundengruppe an. Es kommt darauf an, in der für sie passenden Nische, in der sie besonders gut und engagiert sind, die Nummer Eins zu werden.

Die restlichen 20 Prozent ihrer Arbeitszeit füllen sie mit den Anfragen von Kunden, die aus anderer Motivation kommen. Sie gehören nicht zu ihrer Wunschzielgruppe, sind aber „geschickte" Leute, denen sie empfohlen wurden. Oder es sind Kunden die sich von ihrer Persönlichkeit angezogen fühlen (S. 16, Abb. B). Diese 20 Prozent ihrer Kunden machen es ihnen ebenfalls leicht. Sie kommen zu ihnen, ohne dass sie Zeit und/oder Geld in Werbung für sie investieren müssen. Auch diesen Menschen werden sie in ihrer Qualität und mit ihrem Know How „kundig" machen, und willkommen heißen.

## Vom Bauchladen zur Spezialistenlandschaft

Angenommen, sie wollen sich als Yogalehrer selbstständig machen. Da ist es wenig sinnvoll damit zu werben, dass sie einen besonderen Yogastil (mit möglicherweise schwer auszusprechendem Namen) anwenden. Nur einige ihrer Kunden werden den Vorteil dieses Stils gegenüber dem eines anderen einschätzen können. Wenn sie sich aber auf das Problem *einer* Zielgruppe spezialisieren, dann eröffnen sie beispielsweise eine Yoga-Praxis für Menschen mit Rückenbeschwerden oder mit Kopfschmerzen.

Hierbei gilt: Die Zielgruppe muss groß genug sein, damit sie ein Auskommen finden. Ist ihre Gruppe zu groß oder gibt es dafür schon genug Mitbewerber, grenzen sie sie ein. Statt „Yoga gegen Rückenbeschwerden" bieten sie zum Beispiel „Yoga für Jugendliche mit Rückenbeschwerden" an.

Verspüren sie innerlich Protest und sagen: Moment mal, was ist mit den vielen anderen denen ich auch helfen kann! Was ist neben Jugendlichen mit Rückenschmerzen mit den Erwachsenen, die ich doch auch so gerne ansprechen möchte? Und da ist auch noch meine Fortbildung in Hormonyoga, die ich nutzen will? Was ist mit den Müttern und Kindern, die auch ansprechen möchte? Meine Arbeit können doch alle benötigen!?

Der große innere Protest ist nachvollziehbar. Immerhin haben sie ein umfassendes Fachwissen erworben und erkannt, wie wertvoll ihr Wissen für die unterschiedlichen Menschen ist. Vielleicht haben sie ein inneres Bild von ihrer Arbeit und den diversen Kundengruppen, denen sie helfen können. Wenn sie in der Startphase stecken, haben sie verständlicherweise noch keine Erfahrungen mit der „Zielgruppen-Denke" und dem großen Marktplatz der Mitbewerber. In diesem Fall wird ihnen die Übung 4 (S. 40) behilflich sein.

Mein Rat: Spezialisieren sie sich also nicht über die Methode, sondern über die Bedürfnisse ihrer Zielgruppe. Weg vom Bauchladen – hin zum Spezialistentum!

Mit diesem Appell ernte ich häufig starken Protest, denn ich habe es mit sehr gut ausgebildeten Menschen zu tun, die ihr Können natürlich auch bewerben möchten. Auf teuer erstellten Webseiten und Flyer lese ich dazu lange Auflistungen: Aus- und Fortbildungen, Zusatzqualifikationen, Methodenvielfalt und Vieles mehr, was ein hohes Fachwissen dokumentiert. Sicher, an dieser Stelle betone ich nochmals, dass Spezialisierung nicht weiter hilft, wenn die fachliche Kompetenz nicht vorhanden ist. Ihre Qualifikation, besondere Herangehensweise oder Methodik soll nicht unter den Tisch fallen, sondern genannt werden. Sie findet Platz in ihrer Werbung oder auf der Webseite unter ihrer Vita, unter Erfahrungen oder Methoden.

Trotzdem: Ihre Kunden interessieren sich in den meisten Fällen nicht für eine Methode. Sie haben ein Problem, dass sie gelöst haben wollen, oder ein Bedürfnis/ein Anliegen, dem sie nachgehen möchten. Sie fühlen sich dann angesprochen, wenn sie in ihrer Werbung durch aussagekräftige Texte und Bildsprache verdeutlichen können, dass sie die Lösung für dieses Problem/Anliegen/Bedürfnis liefern.

**Tipp:** Vermeiden sie in ihrem Angebot den „großen Bauchladen", in dem sich ein kunterbuntes Angebot befindet. Werden sie zum Problemlöser für spezielle Kunden. Damit stehen sie nicht in Konkurrenz zu vielen Andern, die das gleiche tun.

Abb. A: Die Landschaft ohne Spezialisten

Abb.: B: Die Spezialistenlandschaft

Ihr mit Herzblut gefülltes Thema sowie die Konzentration auf eine ganz bestimmte Befähigung, mit der sie auf den Markt gehen, führt die zum Spezialistentum, dass sie auf den Markt der Vielen hervorhebt.

## Übung 4: Ihre Wunschkunden aufspüren

**Schritt 1:** Nehmen sie sich ca. 30 Minuten Zeit für diese Übung. Zunächst reflektieren sie das Thema „Meine Wunschkunden". Beschreiben sie, wen sie gerne mit ihrem Tun anziehen möchten, wen sie gerne um sich haben möchten. Notieren sie einfach alles, was ihnen gerade in den Sinn kommt. Listen sie dabei Negatives oder Zweifel ebenso wie die positiven Emotionen auf. Bitten sie ihre Seele, ihren inneren Meister, oder ihren Schutzengel um Unterstützung, dass sie diese Gefühle heilen dürfen und denken sie nicht weiter daran. Es kann sein, dass sie später einen Traum haben, etwas darüber lesen oder sich entschließen, ein Gespräch dazu zu führen, um genauer hinzuschauen. Durch ihre Intuition werden sie zur richtigen Zeit wissen, was für sie gut ist.

Jetzt fokussieren sie sich auf ihr Herz. Denken sie voller Dankbarkeit an ihre Lieblingskunden, an die Kunden, die neu im letzten Jahr zu ihnen kamen und an die Menschen, die sie jetzt einladen möchten, sie und ihr Angebot kennen zu lernen. Stellen sie sich vor, wie sie zu ihnen strömen und wie sie sie mit einem lachenden Herzen empfangen, jederzeit bereit, sie an dem teilhaben zu lassen, was sie einzigartig macht.

**Schritt 2:** Zur Unterstützung machen sie eine Visualisierungsübung, in dem sie aus alten Zeitschriften, Magazinen und Prospekten Gesichter von Menschen herausschneiden, die ihnen als Wunschkunde sympathisch erscheinen und die sie sich vorstellen können. Diese Bilder kleben sie auf ein möglichst großes Papier (Flipchartpapier, Karton, Metaplanpapier oder mit selbstklebenden Kärtchen auf eine Tür) und sortieren dabei nach:

- Kunden, die ich bisher angezogen habe (wenn sie bereits tätig sind)
- Kunden die ich zukünftig anziehen will

Sie haben nun Abbildungen vor Augen, die ihre Vorstellungskraft unterstützen. Vielleicht lassen sich beim Kleben schon erste Gruppen zusammenstellen, die sich durch Geschlecht, Alters- oder Berufsgruppe ergeben, vielleicht sind es aber auch einzelne Personenabbildungen. Danach machen sie mittels eines roten Stifts zwei Herz-Markierungen auf ihrer Wunschkunden-Collage bei zwei der Kunden(-gruppen) und beantworten danach folgende Fragen:

- In welcher Altersgruppe befindet sich mein Wunschkunde?
- Ist es ein Mann, eine Frau, ein Jugendlicher?
- Was tut er beruflich? Womit beschäftigt er sich in seiner Freizeit?
- In welchem sozialen Umfeld lebt er?
- Welche Medien benutzt er gerne? Was interessiert ihn an Literatur? Was liest er täglich?
- Was sind seine Bedürfnisse in Bezug auf Gesundheit und Wohlbefinden. Wie ist sein Körperbewusstsein?
- Welche Einschränkungen erlebt er diesbezüglich durch seine Berufstätigkeit?
- Wie ist er „gestrickt"? Ist er mehr ein Kopfmensch oder ein emotionaler Typ?
- Welchen Nutzen werden sie ihm bringen, damit seine Anliegen erfüllt werden?
- Welchen zusätzlichen Nutzen liefern sie gleichzeitig mit dazu?

**Schritt 3**: Formulieren sie aus Sicht ihres Wunschkunden schriftlich aus, was ihm seine Behandlung bei ihnen an Vorteilen bringt/gebracht hat. Diese Übung wird sie darin bestärken, in Nutzenargumenten zu denken und nicht die Methode ihrer Arbeit zu beschreiben. Welchen Nutzen erlebt ihr Wunschkunde aufgrund ihrer Kompetenz und ihres Fachwissens? Hier einige Beispiele:

*Nachdem ich bei der Kosmetikerin Fr. Müller in der Behandlung war, wurde meine Haut sichtbar besser: die Entzündungen sind innerhalb von vier Wochen abgeklungen. Und ich fühle mich wohler mit dem hautschützenden Makeup, dass sie mir empfohlen hat ...*

*Die Behandlung durch den Heilpraktiker Herrn Meier bringt mir so viel, auch wenn ich nicht verstehe, was genau er mit mir macht. Ich fühle mich wesentlich sortierter, geerdeter und habe den Eindruck, es pustet mich nichts so schnell um ...*

*Endlich habe ich wieder ein gutes Verhältnis zu meinem Körper! Das Training bei meinem Personal Trainer Carina hat mir gezeigt, dass starke Frauen auch Fitness machen können, wenn es einfühlsam angeleitet wird wie bei ihr ...*

Bis vor einigen Jahren trainierte ich das Thema Selbstmarketing vor Teilnehmern unterschiedlichster Branchen. Ich war stolz auf die Erfahrungen, die ich im Mittelstand ebenso wie vor Fachberatern einer Bank, vor Vertriebsmitarbeitern einer Versicherung und vor Managern in der IT Branche machen konnte. Dafür hatte ich eine Menge Vorarbeit zu leisten. Ein Präsentationsgespräch, das jeweils neu entwickelte Konzept passend zur Teilnehmergruppe, jeweils abgestimmte Handouts zum Seminar benötigten eine Unmenge an Zeit und Vorleistung. Da ich in diversen Branche wenige Seminartage im Jahr hielt, trat keine wohltuende Routine ein; ich fühlte mich getrieben, da ich mich auf unterschiedliche Zielgruppen eingelassen hatte. Es entstand ein Aufwand, der mehr Energie schluckte als er Energie lieferte. Erst meine klare Positionierung brachte den großen Vorteil, dass die Anfragen genau von den von mir gewünschten Menschen kommen ich und mich mehr mit Kunden und ihren Wünschen beschäftigen konnte.

## Kunden wollen Lösungen

Die von ihnen erworbenen Methoden werden nicht in ihrem Wert gemindert oder gar überflüssig. Sie zeichnen sie nach wie vor aus und sie werden auf der Webseite oder dem Flyer (zum Beispiel unter Profil, Vita, Ausbildung, Zusatzqualifikation, Fortbildung) ihren Platz finden. Dort wird der Interessent sich ein Bild von ihrem Werdegang machen. In erster Linie reagieren Kunden auf die Botschaften, die ihnen eine Lösung zu ihrem Anliegen bieten, die Änderung ihrer Situation oder mehr Lebensqualität bringen. Diese Botschaften sind bestenfalls lösungsorientiert und nicht fachorientiert. Sie transportieren dadurch den Nutzen und wirken besonders, wenn sie die emotionale Seite ansprechen.

Ihr Marketing wird also erfolgreicher, wenn sie ihren Wunschkunden einen Nutzen anbieten und sie ihr Angebot nicht als „nützlich oder förderlich für alle" definieren. Die Ergebnisse aus Übung 4 klären Schritt für Schritt, wie ihre Kunden „ticken". Sie helfen dabei, die Kundenpersönlichkeit und ihre Bedürfnisse zu verstehen.

Ihre Aufgabe ist es, die „Lösung" für ihre Wunschkunden zu formulieren und zu schauen, auf welchen Bühnen und Plattformen sie sich zeigen, damit ihre Kunden sie auf der Suche nach Unterstützung finden.

Sie werden beobachten, dass sie als „Lösungs-Anbieter" mehr Kunden den Weg zu ihnen finden werden. Und sie werden auf diesem Weg zufriedene Kunden erreichen, da sie sich von ihnen verstanden fühlen.

Denken sie also lösungsorientiert, wenn sie an ihr Talent und an die Menschen denken, die sie anziehen wollen. Lassen sie sich darauf ein – vielleicht begleitet durch einen guten Freund, einen Coach oder Partner – ihren eigenen Marketingweg zu entdecken und genießen sie den Weg dorthin, wie einen lohnenswerten Aufstieg zum Berggipfel. Der beschert ihnen dann eine top Position mit wunderbarem Ausblick.

**Praxisbeispiel: Suche nach einem Gesundheitsprofi**

Vor einiger Zeit benötigte ich selbst einen Gesundheitsprofi. Ich entschied mich für einen Heilpraktiker (HP). Mein Anliegen war: er sollte möglichst gut erreichbar sein und sich auf das Thema Wechseljahresbeschwerden spezialisiert haben. Bei der Recherche im Internet stieß ich ganz erstaunt auf fünf Adressen von HPs in unserer Kleinstadt. Was hätte ich darum gegeben, wenn ich im Internet einen Hinweis auf mein spezielles Anliegen gefunden hätte! Alle fünf HPs waren sehr gut aus- und fortgebildet. Einige hatten eine ausgefeilte Methodenvielfalt bis hin zur Traumdeutung und neurolinguistischer Gesprächsführung anzubieten. Ich stolperte über das Wort „Spagyrik", und die vielen unterschiedlichen Körperreinigungsmethoden waren mir einfach suspekt. Ich aber war „nur" auf der Suche nach einem Gesundheitsprofi, der mir Rat bei meine Beschwerden gibt und sich auf die Anliegen von Frauen in der Lebensmitte spezialisiert hat.

Natürlich kenne ich die Einschränkungen, denen HPs aufgrund des HWGs (das Gesetz über Werbung auf dem Gebiet des Heilwesens, S. 42) unterliegen. Dennoch möchte ich mich als Kunde zum Beispiel über einen beschreibenden Text mit meinen Fragen und Anliegen verstanden fühlen. Dabei geht es nicht um Heilversprechen, sondern um den Eindruck, ich bin bei der Person „gut aufgehoben".

Schließlich entschied ich mich auf „gut Glück" über das Portraitfoto für einen aus der großen Auswahl. Mein Erstaunen war groß, denn das Bild entsprach dann wenig der Person, die mir beim ersten Termin gegenüber stand. Nach einigen Sitzungen bekam ich Hilfe, also eine Lösung zu meinem Anliegen. Allerdings musste ich innerlich einige Widerstände überwinden. Ich hatte als Kunde viel Vertrauensvorschuss zu leisten, bis ich das Gefühl bekam, dass ich bei ihm überhaupt „richtig" bin.

## Untrügliche Zeichen für Erfolg

Circa 80 Prozent ihrer Termine werden sich mit Kunden direkt aus ihrer Wunschzielgruppe füllen. Die restlichen 20 Prozent kommen, weil sie mit ihrer Persönlichkeit Resonanz erzielen. Weitere Kunden kommen aus Empfehlung oder zufällig bei Ihnen, so wie ich an meinen Heilpraktiker geraten bin.

Manch ein Unternehmensberater würde bei hoher Nachfrage gleich raten, die Preise zu erhöhen. Ich halte mehr vom „Verknappungsmarketing": Machen sie sich also rar.

Termine sind bei ihnen erst nach einer gewissen Vorlaufzeit zu haben, bis sie sich ihrer Terminierung auf einige Monate hinaus sicher sind. Denken sie dabei auch an ihre eigene Balance und gönnen sie sich „Aus-Zeiten". Denn sie wissen ja: Gesundheit und Wohlgefühl sind nur dann authentisch zu vermitteln, wenn auch sie achtsam mit sich umgehen und „work-life-balance" für sich selbst herstellen.

## Der Motivations-Fahrplan

Der Weg zum konkreten Ziel heißt SMART. Mit der SMART-Formel können sie für jede Lebensrolle und jeden Lebensbereich ihre Ziele formulieren. Sie brauchen nämlich nicht nur eine Lok, sondern auch einen Fahrplan, um an ihr Wunschziel zu kommen. Ihre Motivation ist die Lok – doch welchen Weg nimmt sie? Vage Vorsätze gleichen unklaren Fahrplänen in denen nur steht: „Abfahren und dann möglichst weit." Doch zwischen Wünschen und Zielen liegen Welten. Die folgende SMART-Formel hilft ihnen ihr Ziel zu erreichen. Jeder Buchstabe steht für eine wichtige Eigenschaft der Ziele-Planung:

S – mit Sinn und allen Sinnen
Notieren sie keine vagen Wünsche. Beschreiben sie so konkret wie möglich, wie es sich anfühlt, wenn sie ihr Ziel erreicht haben. Nutzen sie dabei lebendige Verben, so dass zum Ziel ein emotionales Bild entsteht, das sie nicht nur vor dem geistigen Auge sehen, sondern auch spüren.

*Statt: „Viel zu tun haben" lieber „Ich fühle mich wohl mit drei ausgebuchten Tagen in meiner Heilpraxis, an denen ich ganztags meine Termine annehme. Einen Tage fülle ich mit der anfallenden Büroarbeit und bin stolz darauf, dass ich beide Aufgaben organisieren kann." Statt: „Neu Visitenkarten bestellen" lieber „Ich gestalte neue Visitenkarten und bin glücklich darüber, weil sie das aussagen, was ich mit vollem Herzen tue."*

M – messbar
Ordnen sie jedem Vorhaben einen genauen Maßstab zu. Dies betrifft nicht nur die Anzahl, sondern auch, wie viel Zeit sie dafür einplanen. Schreiben sie auch hier so detailliert wie möglich auf.

*Statt: „Mehr lesen" lieber „5 Seiten in dem Fachbuch XY täglich abends auf dem Sofa." Statt: „Mehr Netzwerkbesuche" lieber „Ich gehe im nächsten halben Jahr regelmäßig alle 14 Tage in eines der regionalen Netzwerke und streue dort mein neues Angebot."*

A = Als ob – Formulierung, aktionsorientiert
Sie wählen positive, bejahende Sätze, in denen sie ihr Ziel so beschreiben, als ob es sich bereits erfüllt hat. Aktionsorientiert bedeutet, sie nehmen sich Handlungen vor. „Weniger arbeiten" ist eine typisch negative Formulierung, mit der ihr Unterbewusstsein nichts anfangen kann. Es hört nur „arbeiten". Sagen sie lieber, was sie statt dessen vorhaben:
*„Für meine persönliche Balance zwischen Arbeit in der Praxis und privater Zeit plane ich mir für jeden Tag eine halbe Stunde Auszeit ganz für mich ein."*

R – realistisch
Damit ist gemeint, dass sie das sich einmal gesteckte Ziel realistisch einschätzen. Blicken sie dabei achtsam auf ihr Arbeitstempo, auf Zahlen und Fakten, auf den Einklang mit ihren Werten, auf mögliche Helfer oder Teams im Hintergrund, die sie dabei unterstützten können. Gehen sie nicht ausbeuterisch mit sich um, denn dann rückt ihr Ziel in weite Ferne.

T – terminiert
Nichts beflügelt so sehr wie nachweisbare Erfolge. Legen sie also einen Zeitpunkt fest, zu dem ihre Lok fahrplanmäßig ankommen wird. Planen sie Zwischenstationen an Kleinstadt-Bahnhöfen ein. Das Erreichen eines Teilziels hat zur Folge, dass sie aus den Erfahrungen neue Erkenntnisse für ihr Gesamtziel ziehen können. An terminierten Zielen können sie messen, ob sie wirklich Fortschritte machen. Ihr Hauptbahnhof, pardon, ihr Hauptziel rückt näher, denn sie haben bereits einen Teilerfolg erreicht.
*Ich telefoniere mit meinen Bestandskunden über das neue Meditationsangebot im nächsten Vierteljahr täglich am Mittwoch- und Freitagvormittag. Bis zum nächsten Monatsersten habe ich bereits 20 neue Teilnehmer gewonnen.*

**Tipp:** Wenn sie ihre Ziele schriftlich formulieren, behalten sie im Wirrwarr des Alltags den Überblick und entscheiden sich auch unter Belastung für das, was ihnen wichtig ist . Schauen sie sich täglich ihren „Fahrplan" an, damit sie ihre Ziele nicht aus den Augen verlieren.

**Tipp:** Nutzen sie die Dynamik, die in dieser schrittweisen Zieleplanung liegt. Gönnen sie sich die Freiheit, „groß" zu denken, etwas mehr als angedacht erreichen zu wollen. Erfahrungsgemäß geht tatsächlich noch etwas mehr – weil sie sich den Erfolg auch erlauben. Und planen sie bei Zielerreichung unbedingt das Feiern mit ein.

## Von Erfolgsverhinderern und Barrieren

Immer dann, wenn Veränderung ansteht, besinnen wir uns gerne auf altbekannte Dinge, die uns Sicherheit vermitteln.
– Der Start in die Selbstständigkeit wird verschoben, da eine Festanstellung doch automatisch dafür sorgt, dass der Lebensstandart bleibt.
– Der Umzug des Instituts wäre fällig, dafür sind allerdings auch Entscheidungen zu treffen, die zu schwierig erscheinen.
– Es wäre an der Zeit, mit dem Partner eine Grundsatzdiskussion zu führen, wo es beruflich hingehen soll. Allerdings hat sich diese Gelegenheit noch nicht ergeben.

Es gibt oftmals einen Grund, etwas nicht zu tun und nur wenig Gründe, etwas zu verändern. Haben sie bei der Übung 1 „Persönliche Stärkenliste" (S. 34) vielleicht ihre innere Stimme gehört, die hartnäckig zu ihnen sagt: „Ja, du bist vielleicht ein geduldiger Mensch, aber deine Schwäche ist es, nicht gut „Nein" sagen zu können...?" Wir machen sehr gern den Fehler, uns mehr den so genannten Schwächen zuzuwenden als unseren Stärken. Bekommen die vermeintlichen Schwächen mehr Aufmerksamkeit, so ist es eigentlich logisch, dass wir uns mehr auf sie konzentrieren und sie somit immer gewichtiger werden.

Sie kennen das sicher: Je mehr sie sich ihrer Nervosität widmen, desto stärker wird das Lampenfieber vor ihrem wichtigen Termin. „Eigentlich müsste ich doch", „Das würde schwierig werden, denn...", „Aber das geht erst, sobald ich...". Der kleine „Ja, aber-Satz" fällt innerlich um so häufiger, je mehr Lösungen in Aussicht gestellt sind.

**Tipp:** Formulieren sie zu jeder vermeintlichen Schwäche die „andere Seite der Medaille", denn Schwäche kann sich aus einem neuen Blickwinkel betrachtet als Stärke herausstellen.
Beispiele:
Statt: „Ja, ich will sehr gerne mein Wissen in Kursen an der Volkshochschule weitergeben, aber ich spreche so langsam."
Besser: „Ich formuliere sehr umsichtig und spreche konzentriert."
Statt: „Ja, aber ich bin chaotisch."
Besser: „Ich reagiere auf plötzliche Anforderungen besonders wendig."

## Die Komfortzone verlassen

Ich möchte die motivierende Journalistin und Management Trainerin Sabine Asgodom nennen. Beim Lesen ihres Buches „Eigenlob stimmt" (ISBN 978-3-430-11086-0) hat sie gleich mehrere Aha-Momente bei mir erzeugt. In einem ihrer letzten Interviews 2010 spricht sie davon, dass sie Erfolgssuchenden empfiehlt, vom „Land VIELLEICHT" in die „Stadt TUN" zu gehen, einen Schritt zu wagen, anstatt insgeheim oder offen darüber zu klagen, dass man unzufrieden ist und etwas ändern möchte.

Komfort-Zone
Unbekanntes Land
Komm-VOR-Zone

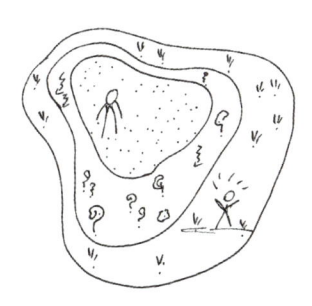

Sicher, ehe sie in der großen Stadt ankommen, geht's durch eine unbequeme Zone. Durch ein unbekanntes Land mit Unsicherheiten und Überraschungen, durch ein Terrain, das möglicherweise Angst macht. Erst wenn sie den Weg raus aus der Komfortzone genommen haben, wird sich zeigen, ob es sich gelohnt hat – und dafür gibt es leider keine Garantie. Aus meiner Sicht ist der Lohn für den Mut – die erfüllende Arbeit, das selbstbestimmte Leben, die Begegnung mit Gleichgesinnten – schon Grund genug, voran zu gehen. Unabhängig davon, ob der Schritt in *jeder* Hinsicht gleich Erfolg verspricht.

**Tipp:** Machen sie aus ihrer bequemen Komfortzone eine Komm-VOR-Zone! Denn nichts ist schöner, als das Gefühl: „Ich bin meinem Herzenswunsch gefolgt und ich bin stolz darauf, meinen Zielen ein Stück näher gekommen zu sein!"

## Gespräch mit einem Bedenkenträger

Manchmal taucht in Phasen der Veränderung ein persönlicher „Ausbremser" auf, der Sorge trägt, dass wir uns in einer neuen Aufgabe nicht überfordern. Er funktioniert als ein Teil von uns, der, systemisch betrachtet, als Manager eines inneren Teams agiert. Ich nenne diesen Teil gerne den „Bedenkenträger", der aufgrund einer individuellen Erfahrung entstanden ist. Kennen sie diesen Bedenkenträger in sich? Bieten sie ihm, falls er ihnen bei ihren Positionierungswünschen in die Quere kommt, innerlich die Möglichkeit an, mit ihnen zu

„reden". Dazu nehmen sie sich einige Minuten Zeit und stimmen sich ein. Ein geschützter Rahmen, ein kurze Meditation, eventuell Musik und eine bequeme Haltung fördern dem inneren Dialog. Schenken sie ihm die Aufmerksamkeit und Dankbarkeit, die dieser Persönlichkeitsteil von ihrem Selbst vielleicht bisher noch nicht bekam.

„Danke, das du in meinem Leben auf mich achtest und für mich sorgst!" Verhandeln sie innerlich mit ihrem Bedenkenträger so, dass er sich verstanden fühlt. Falls er sich auch körperlich meldet, zum Beispiel als Druck im Magen oder Engegefühl, bieten sie ihm an, sich ein wenig von ihnen zu entfernen, zum Beispiel auf den Stuhl, der gerade neben ihnen steht. Sie werden sich dadurch erleichtert fühlen und erleben, dass der innere Dialog mit diesem Persönlichkeitsteil freier verläuft, sie mehr von ihm verstehen werden und so leichter Entscheidungen treffen können.

## Kraftsätze statt Glaubenssätze

Wir haben im Laufe des Lebens eine Menge Sätze gehört, die uns Regeln auferlegen, die uns erzogen und begleitet haben. Neben Sinnvollem und Stärkendem waren dabei auch Botschaften, die uns „im Zaum" hielten, und heute noch einschränken. Sie beeinflussen unser Leben. Erstaunlicherweise ist die Erinnerung an negative Sätze viel präsenter als an die positiven. Ihre Botschaften prägen sich ein und wurden zu so genannten Glaubenssätzen.

Beispiele aus der Kindheit:
*Das schaffst du ja doch nie. – Dafür bist du zu klein/zu dumm/zu dick/zu feige. – Du bist ja nur ein Mädchen. – Ein Junge weint nicht. – Benimm dich wie eine kleine Dame. – Das macht man nicht. – Rede, wenn du gefragt wirst, usw.*

Manch alter Glaubenssatz wirkt immer noch wie ein Bremsklotz. Zudem hört nach einer Untersuchung der amerikanischen Harward Universität jeder Mensch bis zu seinem 18. Lebensjahr ca. 145.000 Mal das Wort „Nein". Ein Grund mehr, sich Einschränkungen aus der Vergangenheit bewusst zu machen und unserer Denke neue positive „Botschaften" zu senden. Wie können sie jemanden liebevoll und respektvoll behandeln, wenn sie es nicht auch sich selbst gegenüber sind?

Spielregeln für das Formulieren von Kraftsätzen:
1. In der Kürze liegt die Würze!
Formulieren sie einen kurzen Satz, der den Kern dessen trifft, was sie annehmen wollen.

2. Bleiben sie im Hier und Jetzt!
Verwenden sie die Gegenwartsform, das Präsens.
3. Nutzen sie die Kraft des Positiven!
Benutzen sie überzeugende, einfache Worte.
4. Glaube kann Berge versetzen!
Vertrauen sie auf die Wahrheit, die in ihrem persönlichen Satz steckt.
5. Verneinungen vermeiden!
Das Unterbewusste kann mit *nicht* und *nein* nichts anfangen …

Eine gut formulierter Kraftsatz wird sich stärkend anfühlen. Machen sie es sich am Anfang leicht. Benutzen sie einen der unten genannten Beispielsätze und ändern sie diesen nach Bedarf. Er wirkt durch die bewusste Entscheidung, sich aufmerksam zu beobachten und negative zerstörerische Gedanken durch positive, unterstützende Gedanken zu ersetzen.

Der häufig wiederholte Satz macht sich in ihnen breit, nimmt Raum ein – in ihrem Kopf, in ihrem Herzen, in ihrem Unterbewusstsein. Kraftsätze unterstützen sie mühelos. Sie „hören" gedanklich den Inhalt so häufig, dass das Gehirn irgendwann nicht mehr darüber nachdenkt. Sie machen eine neue innere Erfahrung: *Kraftsätze nutzen heißt, Verantwortung zu übernehmen für sein Denken.* Die eigene innere Haltung ist nicht allein dem Auf und Ab des Lebens unterworfen, sondern sie entscheiden mit! Sie nehmen aktiv Einfluss auf ihre innere Haltung.

**Tipp:** Mein aktueller Kraftsatz hängt am Badezimmerspiegel. Er lautet: Ich bin ein liebenswerter Mensch. Wenn ich ihn morgens lese, fängt der Tag gleich mit einem kleinen Lächeln an.

Beispiele:
- Was ich aussende, fließt zu mir zurück.
- Ich mache aus diesem Tag einen guten Tag.
- Ich lasse Altes los und gewinne Neues.
- Ich bin kraftvoll.
- Ich stehe für mich ein.
- Mit Hilfe meiner inneren Stärke verwirkliche ich meine Ziele.
- Es ist in Ordnung meiner Intuition zu folgen.
- Ich strahle meinen Wert beständig aus und ziehe Erfolg mit Leichtigkeit an.
- Ich bin zuversichtlich, dass sich alles zu meinem Besten fügen wird.
- Ich gehe meinen Weg mutig und frei.

# Kapitel 3 – Präsenz

WIE sie ihrer Ausstrahlung einen Schubs verleihen. In diesem Kapitel erfahren sie, wie sie sich authentisch präsentieren. Sie entwickeln ihre Kurzvorstellung für eine knackige Selbstpräsentation und lesen wertvolle Tipps, die ihre Ausstrahlung vor Kunden, Geschäfts- und Netzwerkpartnern werbewirksam steigern.

Für dieses Kapitel habe ich die Farbe GELB gewählt. Gelb verbreitet Fröhlichkeit und macht gute Laune. Ganzheitlich betrachtet steht die Farbe für das Sonnenchakra, dem Energiefeld, das der Körpermitte, dem Solar Plexus zugeordnet wird. Das ist die Stelle über dem Nabel, dort wo die Hand liegt, wenn sie auf ihren Magen deuten.

Die Themen des Chakras: Offenheit, Großzügigkeit, Balance in der Selbstführung, Ausgewogenheit und Freude am Sein. Die Farbe wirkt entspannend auf das Nervensystem und sie dient uns als Stimmungsaufheller.

In der Natur draußen ist die Farbe vielen Menschen herzlich willkommen, besonders in der Jahreszeit des Aufbruchs und des Neubeginns – dem Frühling.

Nutzen sie, entsprechend einer Empfehlung aus dem Feng Shui fürs Büro, die Strahlkraft von Gelb, zum Beispiel in Form eines Bildes über ihrem Schreibtisch.

## Ausstrahlung enfalten

Authentizität – kein leichtes Wort, das gerne im Zusammenhang mit den Stichworten Persönlichkeit oder Charisma genannt wird. Was verstehen wir genau darunter?

Man spricht von Authentizität, wenn das Handeln einer Person nicht durch externe Einflüsse bestimmt wird, sondern aus ihr selbst stammt. „Eine als authentisch bezeichnete Person wirkt besonders echt, das heißt, sie vermittelt ein Bild von sich, das beim Betrachter als real, urwüchsig, unverbogen, ungekünstelt wahrgenommen wird."

(Quelle: Wikipedia)

Abb. 1                    Abb. 2                    Abb. 3

Wenn sie die Wahl haben, welche dieser drei angebotenen Tassen nehmen sie? Natürlich, die von Nr. 2. Sie ist appetitlich anzusehen und offenbar frisch eingeschenkt worden. Wer will schon aus einer Tasse trinken, die nur einen Rest enthält? Vielleicht hat schon jemand anderes daraus getrunken? (Nr. 3) Und bei Tasse Nr. 1 sind Flecken auf der Kleidung garantiert.

Diese Abbildung zeigt das Zusammenspiel von Form und Inhalt:

Sowohl die Persönlichkeit (Inhalt) als auch die optische Erscheinung (Form) senden bewusst oder unterbewusst Botschaften aus, die bei einem Gegenüber Wirkungen erzielen. Der erste Eindruck entsteht. Unser persönlicher Filter legt den Grundstein für eine Einschätzung unseres Gegenübers. Auch wenn der nachfolgende Eindruck beweist, dass der erste falsch war, bleibt das erste Bild eine Weile haften. Ist bei der ersten Begegnung etwas nicht stimmig, reagieren wir mit Vorbehalten, Desinteresse oder sogar Ablehnung. „Da ist eine Störung", sagt das Unterbewusstsein. Und mit Menschen, die indifferente Gefühle wecken, möchten wir in der Regel nichts oder nur das Notwendigste zu tun haben.

## Unterstützer für ihr Selbstmarketing

Unterbewusst oder bewusst, die Übereinstimmung von Form und Inhalt wird als angenehm, positiv, harmonisch und damit als vertrauenswürdig empfunden. Denn beide sind immer Teil eines Ganzen. Unsere Wahrnehmung ist geprägt von bisherigen Erfahrungen, der Atmosphäre, der Umgebung und den unbewussten Erinnerungen.

Intuitiv filtern wir aus der Summe der Eindrücke diejenigen heraus, die uns aufgrund unserer Erfahrungen richtig erscheinen.

Jede Begegnung mit anderen Menschen, die wir zum ersten Mal sehen, löst Gefühle aus. Wir entscheiden zehntel Sekunden schnell, ob wir jemanden vertrauenswürdig und sympathisch finden. Genauso schnell sind wir mit einem gegenteiligen Urteil zur Hand. Diese Spontanbeurteilung wird nicht immer stimmen, ist häufig aber bestimmend für die darauf folgende Situation. Unbestritten: Natürlich kommt es auf die Faktoren wie Fach- und Methodenkompetenz an. Und dennoch: Vorab spielen andere vertrauensbildende Faktoren eine Rolle.

Stellen sie sich folgende Situation vor: Eine Person betritt den Raum und sie bemerken in den ersten Sekunden: „Wow, da erscheint Jemand mit Ausstrahlung; diese Person ist selbstsicher und sie verkörpert das auch!" Auf was achten sie dabei besonders? Welche Signale sind es, die Authentizität, Präsenz oder Charisma ausmachen? Ist es der Gang, die schicke Kleidung?

Wenn ich diese Frage an Teilnehmer stelle, kommen immer wieder die gleichen Antworten: „Freundliches Gesicht, Stimme (Sprechweise), Haltung, Augenkontakt, Körpersprache, gepflegte Erscheinung (Haare, Duft), (Anlass entsprechende) Kleidung, souveränes Auftreten". Das Ranking sagt: Die Aufmerksamkeit ist erstens beim Augenkontakt, zweitens bei der Kleidung und drittens bei der Statur.

Bei der Befragung ihrer Kunden: Woran, glauben sie, erkennen sie einen authentischen Gesundheits- oder Wellnessprofi? werden die gleichen Aspekte aufgezählt. Zudem wird eine bestimmte Erwartung genannt: „Die Person lebt, was sie tut... Sie ist selbstbewusst, weiß was sie tut... Sie spricht von ihrer Sache überzeugt, ohne affektiert aufzutreten... Sie ist empathisch, einfühlsam im Gespräch, Vertrauen erweckend..." Weitere Aspekte wie der professionelle Werbeauftritt, eine ansprechende Webseite oder ein interessanter Flyer werden direkt anschließend genannt.

## Augenkontakt ist Nr. 1

Gemeint ist ein freundlicher Blick, der dem Blick des Gegenüber offen begegnet. Die Aufmerksamkeit gilt den Augen (aha, er hat mich gesehen!) und dem Lächeln, das ebenfalls signalisiert: Da begegnet mir ein freundlicher und offener Mensch. Ein Signal, das übrigens unabhängig von Kultur und Sprache in jeder Region der Welt verstanden wird.

Heißen sie ihre Kunden willkommen. Schenken sie ihm ihren offenen Blick und ein Lächeln zur Begrüßung. Stellen sie ein, zwei offene Fragen um Atmosphäre zu erzeugen. Bieten sie ihm ein Getränk passend zur Jahreszeit. Geben sie ihm Gelegenheit, bei ihnen anzukommen. All das kostet sie keine Mühe oder Zeit.

**Tipp:** Manche Menschen haben einen „zwingenden" Blick, der unangenehm für sie sein kann. Lassen sie ihren Blick im Gesicht (auf der Augenbraue, der Stirn oder am Haaransatz) ihres Gegenübers „wandern". Sie sind trotzdem bei ihrem Gesprächspartner, ohne unachtsam zu wirken.

## Die Signale ihrer Kleidung

Kleidung empfinden wir als „Anlass entsprechend", wenn wir sie im Kontext zur Umgebung und Situation als stimmig empfinden. So stellt eine ungebügelte Bluse, ein ergrauter Kittel im Wellness Institut oder der Heilpraxis einen Störfaktor dar. Körpergeruch, abgebrochene Nägel, eine ungepflegte Haut, fahler Teint oder ungepflegte Schuhe werden schnell registriert und stoßen innerlich auf Widerstand. Den genanten *Störfaktoren möchten wir im Alltagsleben auch nicht begegnen, dennoch: Bei einem Gesundheits- und Wellnessprofi stören sie ganz besonders.*

Beim Gegenüber ertönt unterbewusst eine Stimme: „Der weiß ja vielleicht Einiges, aber..." Widerstand baut sich auf und das Gespräch endet wohl möglich mit: „Ich überleg es mir noch mal." Ihr Kunde hört und sieht sie nicht nur, er nimmt sie als Ganzes wahr, bestenfalls mit der Resonanz: „Der lebt, was er sagt" und nicht: „Der ist unglaubwürdig."

Möchten sie als Experte für ein Gesundheitsthema in einem Unternehmen vorsprechen, um dort für dessen Mitarbeiter ein Seminarthema zu bewerben, dann gelten andere Outfitspielregeln. Denen müssen sie sich nicht anpassen, dem Firmenverständnis von optischem Auftreten sollten sie trotzdem gerecht werden.

Praxisbeispiel: Elke Brem möchte als Experte für Rückentraining die Mitarbeiter eines Verlages schulen. Sie hat sich zu einem ersten Gespräch mit dem Personalchef verabredet. Ort und Zeitfenster stehen fest, ebenso ihr Seminarkonzept, dass sie ihm zum Termin vorstellen möchte. Wie kleidet sie sich für diesen Termin? Sie entscheidet sich für einen knitterfreien Hosenanzug und Top in einem hellen Beige, eine Farbe die sie optisch unterstützt. Dazu halbhohe Lederschuhe, als Accessoires lediglich eine Kette, einen Ring sowie einen Schal.

In einer ganzheitlich orientierten berufsbildenden Fachakademie ist Frau Brehm in der Rolle als Seminarleiterin mit dem klassischen Hosenanzug „overdressed". Dort ist hochwertige sportliche Kleidung angebracht. Diese wird im Bankenbereich als „casual" beschrieben. In der Versicherung oder Bank ist das klassische Businessoutfit ein Anzug oder eine Kombination aus strapazierfähiger, knitterfreier Coolwool.

Die meist ungeschriebenen Dresscodes zu Schnitt und Farbwahl sind in Wirtschaftsunternehmen weitaus klassisch-konservativer als im Handwerk oder in Kreativberufen. Sind sie als Entspannungspädagoge z.b. im Architektur- oder Designbüro mit ihrem Agebot vorstellig, ist schon die Krawatte zum Jackett overdressed. Dort wird eine qualitativ hochwertige Kleidung mit „Understatement" getragen, z.b. der Kaschmirpulli und Jeans als legerer Bekleidungsstil.

**Tipp:** Eine Farb- und Stilberaterin wird ihnen detaillierter hinsichtlich Schnittform und Kombination Möglichkeiten ihrer Bekleidung zeigen. Diese individuelle Beratung wird ihnen Freude an sich selbst vermitteln, zukünftig ihre Entscheidungsfreude beim Einkaufen steigern und Ideen für eine variationsreiche Garderobe liefern. Im Anhang finden sie unter den Linktipps ein Netzwerk versierter Berater.

**Tipp:** Entscheiden sie Branchen entsprechend, ggf. schauen sie auf der Firmenwebseite ihres potentiellen Kunden nach, wie sich die Mitarbeiter ihres Wunschunternehmens auf Fotos darstellen. Für den Fall der Fälle wird beim Erstbesuch „overdressed" weniger ins Gewicht fallen als „underdressed".

## Die Kraft der Farben

Die Tasse in der Abbildung (S. 52) wird, vielleicht ein elfenbeinfarbenes Chinatässchen oder ein blauer rustikaler Kaffeebecher sein. So wie die Tassen haben auch sie ihre ganz individuelle Körperform und ihre ganz typische farbliche Präsenz. Bei der Begegnung mit fremden Menschen entscheidet ihre farbliche Entsprechung darüber, ob sie präsent und „ausgeschlafen" rüberkommen oder gar „verkleidet".

Wenn es darum geht, beim Netzwerktreffen gut zu wirken (oder zu tricksen, wenn sie schlecht geschlafen haben), dann nutzen sie die Kraft ihrer ganz individuellen Typ-Farben für ihre Präsenz. Ganz gezielt können sie auch sogenannte „Anti-Farben" einsetzen (zum Beispiel, wenn sie den Vorsitz im Verband gerade nicht wollen). Denn mit ihrem Auftritt in ihren „Anti-Farben" als graue Maus wirken sie ganz und gar nicht präsent, sondern kraftlos.

## Optischer Türöffner

Wenn sie sich ihrer Wirkung sicher sind und sich wohl fühlen, senden sie das auch aus. Das Gefühl „Das bin ich!" steigert ihr Selbstvertrauen und verleiht ihrem Auftreten Sicherheit.

Der Farbtyp wird entsprechend ihrem Hautunterton mittels der Farbanalyse vor einem Spezialspiegel bestimmt. Als Basis dient das Vierer-System, das nach den Jahreszeiten benannt ist und ihre persönliche Farbfamilie mit Frühling-, Sommer-, Herbst- oder Wintertyp definiert. Die entsprechenden Farben in der Bekleidung unterstützten sie optisch. Auch an einem „bad-hair-day" an dem sie nicht gerade verschlafen rüber kommen wollen.

Der eigene Farbtyp meint nicht einen Farbzwang und ist keinesfalls dogmatisch zu sehen. Nutzen sie die Unterstützung ihrer persönlichen Farben, wenn sie „offiziell auftreten", also netzwerken, Kontakte knüpfen, Geschäftspartner treffen. Selbst, wenn sie bei ihrer Berufstätigkeit einen Kittel tragen. Der benötigt lediglich ein farbliches Highlight, zum Beispiel durch ihren Hemd- oder Blusenkragen oder durch ein entsprechendes Tuch im Ausschnitt.

## Black is beautiful?

Gehören sie auch zu den Menschen, die sich von schwarzer Kleidung erhoffen, immer passend gekleidet zu sein? Zugegeben, sie macht optisch etwas schlanker, aber das tun andere dunkle Farben auch. Allerdings hat Schwarz eine „energiehemmende" Wirkung und baut Distanz auf. In großflächig schwarzer Kleidung benötigen sie weit aus mehr Energie, um ihre persönliche Seite zu zeigen.

Für ihren optischen Auftritt nicht gerade positiv: Die Farbe schattet so ab, dass sie älter wirken als vielleicht gewünscht, besonders, wenn sie ein schwarzes Oberteil tragen. Frauen wissen das: sie benötigen durch die „müde machende" Wirkung mehr belebendes Makeup als üblich oder peppen ihre schwarze Kleidung mit einem farbigen Schal auf.

**Tipp:** Nutzen sie die Kraft ihrer persönlichen Farben, um ihre Ausstrahlung zu verbessern. Jede Farbfamilie beinhaltet so genannte „Businessfarben", die für offizielle Anlässe hervorragend geeignet sind.

## Farbfamilien und ihre Botschaften

Die Farbenvielfalt des Frühlings (◆) wirkt auf den Betrachter stimmungsaufhellend, leicht und vital. Die Jahreszeit wird sehnlich erwartet nach der vorhergehenden dunkleren Jahreszeit. Die Menschen empfinden das Erblühen der Natur und die Kraft der Sonne wie einen Aufbruch. Die Farben haben einen hohen Gelbanteil, sie wirken leuchtend, werden als warm empfunden und sind so energiereich wie die Farben in der Natur, ein Hallo-Wach-Effekt, der gute Laune macht. Selbst bei Frühlings-Typen mit heller, pfirsichfarbener Haut wirken die Farben leicht und vital.
Assoziationen dieser Farbfamilie:

Kräftige F-Farben: Belebung, Energie, Vitamine, Wachstum, Aufbruch, Dynamik, Sexualität, Kraft, Extrovertiertsein.

Zarte F-Farben: Weichheit, Wellness, Flexibilität, Heiterkeit, Kosmetik, Reinheit, Sensibilität, Leichtigkeit, Empfindsamkeit.

Die Farbfamilie Sommer (■) hat als Besonderheit, dass sie nicht klar, sondern gedämpft erscheint, wie mit einem Hauch Puder bestäubt. Sie wirken dadurch edel und schmeicheln dem leicht rosa Hautunterton des Sommer-Typs. Interessant werden die Farben dadurch, dass mehrere Sommerfarben in fließenden Übergängen und einer Tonigkeit miteinander kombiniert werden und der sommerlichen Gestaltung damit einen eleganten Touch verleihen. Spannend wirken sie, wenn sie in einem sportiven oder provokanten Bekleidungsstil Ausdruck finden.

Assoziationen dieser Farbfamilie: Eleganz, Professionalität, Ästhetik, Dezenz, Klarheit, Sensibilität, Transparenz, Reinheit, Anspruch, Helligkeit, Zartheit, Sanftmut.

Die Farbfamilie Herbst (●) sehen wir draußen im „goldenen Oktober" bei einem Waldspaziergang. Keine andere Jahreszeit hat so viele Nuancen vorzuweisen wie der Herbst. Tief warme und goldene Farben wirken gedämpft und ohne starke Leuchtkraft. Sie vermitteln Erdigkeit und Vertrauenswürdigkeit, werden stets mit der Natur in Verbindung gebracht und gestalterisch gerne mit rauen Oberflächen und Stoffen kombiniert.

Assoziationen dieser Farbfamilie: Vertrauen, Erdung, Ernte, Tradition, Verlässlichkeit, Gemeinschaft, Belastbarkeit, Melancholie, Herzlichkeit, Ausdauer, Natürlichkeit, Ruhe, Bodenständigkeit.

Die Farbfamilie Winter (▲) hat leuchtende Grundfarben einschließlich dem Rot, Blau und Gelb aus der Mitte des Farbkreises. Es sind eindeutige Farben ohne einen Grauschleier oder einen Gelbanteil. Weiß und Schwarz gehören ebenfalls in diese Farbfamilie. Entdeckt der Winter-Typ die Farbfamilie für sich ganz neu, fühlt er sich damit sehr im Vordergrund. Es erfordert Freude an der Selbstdarstellung und Mut um Winterfarben kontrastreich miteinander zu kombinieren, denn darin kann man sich nicht verstecken.

Assoziationen dieser Farbfamilie: Klarheit, Kraft, Ordnung, Zielorientierung, Konzentration, Extravaganz, Sprache, Information, Struktur, Information, Extreme, Geradlinigkeit, Spiritualität, Kontrast, Weisheit.

## Farben und Persönlichkeit

Ich spreche bei der Bestimmung der persönlichen Farben von den „Türöffner-Farben", da sie den optischen Eindruck steigern und sie attraktiv und agil erscheinen lassen. Die Stichworte einer Farbfamilie beziehen sich auf die Assoziationen zu dieser Palette. Es sind Beschreibungen, in denen sich häufig auch die Merkmale einer Person widerspiegeln.

In Test 3 aus dem Kapitel PERSÖNLICHKEIT haben sie ihre Wirk-Kompetenz näher unter die Lupe genommen. Vielleicht stellen sie fest, dass die Beschreibung zu ihrer Farbfamilie nicht mit ihren persönlichen Eigenschaften übereinstimmt. So, wie die Medaille zwei Seiten hat wie Tag und Nacht oder ying und yang, besteht jeder Menschen nicht nur aus der optischen Präsenz, sondern er besitzt vielerlei Facetten. Er ist zudem geprägt durch seine Erziehung, durch seine Sozialisation und er handelt nach seinem individuellen Wertedenken. Um feinen Facetten weiter auf die Spur zu kommen, braucht es manchmal ein Gegenüber – einen guten Feedbackgeber oder einen Wegbegleiter in Form eines Coaches, der sie bei der Erforschung ihrer Persönlichkeit begleitet. Erfahrungsgemäß besteht noch eine Resonanz zu einer weiteren Jahreszeit.

Dazu ein Fallbeispiel: Frau Kramer ist optisch ein Herbst-Typ und sendet in diesen Farben gekleidet viel Vertrauenswürdigkeit und Erdverbundenheit aus. Selbstverständlich nutzt sie diesen „Vertrauensbonus", der für den Kontakt mit Kunden ihres Wellness Instituts sehr förderlich ist. Sie selbst ist oft erstaunt darüber, wie schnell Kunden ihr das Herz ausschütten und sie im Unternehmen als Vertrauensperson schätzen. Natürlich kennt sie auch die andere Seite: sie kann sich durch ihr Verhalten sehr belasten, wenn sie sich nicht abgrenzt. In ihrem Arbeitsverhalten und ihrer Kommunikation zeigt sich bei ihr noch eine weitere Facette. Gut strukturiert und eng an ihrem roten Faden entlang meistert sie ihre unterschiedlichen Rollen als Geschäftsleitung ihres Instituts, Familienfrau, Partnerin eines Selbstständigen. Diese Struktur hilft ihr, ihre vielseitigen Aufgaben des Alltags zu bewältigen. Steigt der negative Stress zu stark an, zieht sie sich sehr zurück und wird ruhig. Allerdings hat sie große Probleme damit, ihren Geist, ihren inneren Antreiber abzuschalten. In einer solchen Situation wirkt sie oft kurz angebunden, scheinbar distanziert, was ihr im Privatleben oft schon als unhöflich angekreidet wurde.

Im Coaching entdeckt sie, wie sie ihre herbstlichen Qualitäten noch gezielter für den Erfolg ihres Instituts einsetzen kann. Gleichzeitig erkannte sie ihre winterlichen Aspekte und es entwickelten sich im Gespräch Lösungen für ihr rigides Stressverhalten, das ihr im Privaten bereits einige Schwierigkeiten beschert hatte.

## Farben – Swing für ihre Räume

*Die Farbensprache ist für ihre „Wirk-Statt" (Studio, Praxis, Institut) ebenso wichtig* wie für ihr persönliches Auftreten. So, wie Farben sie und ihr Unternehmen in Kleidung und Werbung unterstützen, so stimmig sind bestenfalls auch ihre Räume. Denn ihre Kunden erwarten, dass nicht nur sie authentisch sind, sondern auch ihr Umfeld einladend ist. Dazu gehört ein ansprechendes Raumklima, eine harmonische Ausstattung, ansprechende Sanitärräume und ein angenehmer Duft. Achten sie zudem in ihren Räumen besonders auf Sauberkeit, nicht nur in den Sanitärräumen, sondern in der gesamten Wirk-Statt erwartet wird.

Wie funktioniert der besondere Swing einer Farbgestaltung von Wänden und Einrichtung? Farben wirken feinstofflich, d.h. sie haben eine ähnlich feine Wirkung wie Düfte oder Musik. Sie können bewusst oder unbewusst die Sinne und Stimmung eines Menschen beeinflussen. Eine ausgewogene Kombination von Farben klärt die Energie ihrer Räume und erhöht dessen Schwingung.

Für ihren Behandlungsraum ebenso wie für Ruheräume empfehle ich eine Farbgestaltung für die Wände, die sanft gehalten wird. Als Grundfarbe eignen sich Sandfarben oder Weiß (mit Umbra abgetönt) Richtung Vanille. Zarte Aprikottöne begünstigen tiefe Entspannungszustände und sind ideal für Entspannungs, Mediations-, Heil- und Lehrräume. Warmes Rosa, helles Türkis. Hell- und Mittelblau und helle Kieselsteinfarben sind geeignet, einen einzelnen Bereich optisch anders zu gestalten, wenn sie zum Beispiel der Raumseite mit dem Schreibtisch eine besondere Bedeutung zumessen wollen oder der Raum eine ungewollte Tiefe hat, die sie damit optisch verkürzen. Ein spezieller Farbauftrag wie Lasur oder Wischtechnik führt dazu, dass die Farben nicht zu „laut" wirken. Neu entdecke Striche wie Kalk- oder Kaseinfarben von Naturfarbenherstellern bieten heute eine breite Palette von Farbnuancen an. Die Deckenfarbe entspricht am besten der Hauptwandfarbe und wird ein, zwei Nuancen heller als diese gehalten.

Anregend kann es im Flurbereich oder Wartebereich aussehen. Nutzen sie dort zur Begrüßung die Kraft der „Hallo-Wach-Farben" wie frisches Grün, Gelb und Orangetöne (Siehe S. 57, Farbfamilie Frühling). Geben sie die Hallo-Wach-Farben an Teilwandflächen auf und legen die weiteren Wände hell an. Anhand eines Probeanstrichs auf einem Stück Raufasertapete, das sie an die betreffende Wand heften, probieren sie die Wirkung aus. Wendet sich ihr Auge immer wieder erfreut dieser Farbe zu, kommt sie in die enge Wahl.

Beachten sie beim Farbkonzept auch, dass die geplante Einrichtung sowie vorhandenes Material (z. B. Türgriffe oder Fensterrahmen) ebenfalls eine

Farbrichtung vorgeben. Verschiedene Holzarten haben unterschiedliche Braun-Nuancen, zum Beispiel ist die Eiche in der Farbwirkung tendenziell grauer, die Buche gelber. Leicht geht es, wenn sie geplante Oberflächen und Farbmuster eng zusammenlegen und so feststellen können, ob sie miteinander harmonieren. Nach ihrem Einzug werden sie nachträglich einen Farben-Swing durch ergänzende Accessoires, Auflagen der Liege, Kissen, Vorhangsstoff etc. geben können. Geben sie ihren Räumen einen besonderen Swing durch eine ansprechende Farbenwelt, der ihre Kunden in ihrer Wirk-Statt willkommen heißen wird. So eingestimmt werden sie bei ihnen zur Ruhe kommen, aufmerksamer und empfänglicher für alles, was sie ihnen Gutes tun. Die folgende Tabelle gibt ihnen Hinweise auf die Kraft verschiedener Farben, die sie sanft und bewusst bei der Raumgestaltung einsetzen.

*Die Erfahrung lehrt uns, daß die einzelnen Farben besondere Gemütsstimmungen geben.*

*(Johann Wolfgang von Goethe)*

| | |
|---|---|
| **Rot** | Eine kraftvolle Farbe, belebend, und leidenschaftlich. Sie steht für körperliche Liebe, Feuer, Mut und Tatkraft, hat Bezug zum Wurzelchakra und wirkt anregend auf die Durchblutung. |
| **Violett** | Eine königliche und zugleich mystische Farbe. Sie fördert die seelische Stabilität und hilft bei der spirituellen Orientierung. Sie bezeichnet das Kronenchakra und ist zur Mediation einsetzbar. |
| **Blau** | Eine Farbe mit Tiefe, ruhig, ernst, meditativ und beständig. Sie gilt als die Farbe der Treue, sie bleibt im Hintergrund und entspricht dem Chakra des Kehlkopfs. |
| **Gelb** | Eine aktive Farbe, lebhaft und fröhlich. Sie macht gute Laune und soll geistige Arbeit unterstützen. Sie steht für die Mitte des Körpers, dem Sonnenchakra und bewirkt gute Laune. |
| **Grün** | Ist die beruhigende und ausgleichende Farbe der Natur und der Gesundheit. In Indien ist sie neben Rosa die Farbe der Liebe. Sie entspricht dem Herzchakra und wirkt ausgleichend. |
| **Orange** | Sie ist lebhaft, anregend und ein bisschen vorlaut, eben eine Hallo-Wach-Farbe so wie Rot und Gelb. Sie steht für die Weiblichkeit (Aprikot) und betrifft das Nabelchakra. |
| **Braun** | Sie ist eine bodenständige Farbe, warm, natürlich, erdig. Alle Okker, Cognac- und Brauntöne von hell bis dunkel werden genutzt, wenn Bodenhaftung gefragt ist. |
| **Türkis** | Die Farbe wirkt manchmal kühl und manchmal warm, je nachdem, wie viel Gelb ihr beigefügt wird. Sie unterstützt die Ich-Stärke und das Immunsystem und wird zur Wandgestaltung gern in der Kosmetikpraxis eingesetzt. |
| **Schwarz** | Eine dramatische und geheimnisvolle Farbe. Zu viel Schwarz kann bedrückend wirken, kleine schwarze Akzente sorgen dafür, dass kombinierte Farben zum Leuchten kommen. |
| **Weiß** | Sie steht für Licht, Reinheit und Klarheit. Sie bietet sich als unkomplizierter Hintergrund für andere Farben und Muster an, kann einseitig genutzt auch steril wirken. |

## Mit Leichtigkeit Kontakte knüpfen

Ihre Einstellung zu ihrer Aufgabe, zu ihren Kunden und Geschäftspartnern spiegelt sich im Außen. Das einfachste Kommunikationssystem, das uns mit in die Wiege gelegt worden ist, ist die Ur-Muttersprache – der Körper. Verhaltensweisen, Bewegung, Entspannung oder Spannung finden auf der Ebene der Seele statt und finden auf der körperlichen Ebene ihren Ausdruck. Der Körper ist somit die Bühne für die Bilder des Bewusstseins, des Geistes und der Seele.

### Von der inneren zur äußeren Haltung

Sicher kennen Sie diese Situation: bisher lief heute alles bestens. Ich will kurz vor Ladenschluss nur noch die Bestellung erledigen. Mist, der jetzt eintretende Kunde stört mich dabei gerade ganz gewaltig! Schlecht gelaunt ...

Daraus hat das nun folgende Beratungsgespräch keine guten Voraussetzungen. Denn **ihre innere Haltung hat Auswirkung auf ihre Körperhaltung.** Unbewusst strecken sie ihre Stirn weiter vor, die Schultern sind dabei leicht hochgezogen. Die Mimik ist verschlossen und ihre Begrüßung fällt unfreundlicher als sonst aus. Ihr Kunde wird dies als Störung verspüren und irritiert sein. Das Kundengespräch wird für beide Seiten nicht zufriedenstellend verlaufen.

Konditionieren sie sich bewusst: Richten sie ihren Körper auf, die Mundwinkel sind leicht nach oben gezogen. In Gedanken: „Heute begrüße ich jeden Kunden herzlich. Die Arbeit gelingt mir mit Leichtigkeit." Mit dieser Körperhaltung erreichen sie auch ihre innere Einstellung. Als Wechselwirkung wird ihr Blick entsprechend offen, die Stimme freundlich – und garantiert verläuft das letzte Kundengespräch an diesem Tag positiver als sie denken.

Sicher kennen sie das auch: sie stehen kurz vor ihrem Fachvortrag in der VHS, oder sie haben eine wichtige Präsentation und sollen frei sprechen. Wie schon so oft, merken sie sich ihre Nervosität an: die Hände schwitzen, ihre Zunge fühlt sich dreifach so groß an, das Herz klopft bis zum Hals. Das Sprechen wird ihnen sicher schwer fallen.

Falls sie zu den ca. 97 % derer gehören, die in so einer Situation aufgeregt sind, lesen sie hier eine Anleitung aus dem Yoga, die ihnen weiter hilft.

Die Füße stehen fest auf der Erde, parallel nach vorne ausgerichtet, in Hüftbreite zu einander. Fühlen sie den Kontakt mit ihren Füßen zum Boden und verankern sie sich dort gedanklich. Die Knie sind nicht durchgedrückt sondern ganz leicht gebeugt. Oberkörper, Schultern und Kopf aufrecht und gerade. Spüren sie ihre Mitte und den Kontakt zum Boden. Ihre Schultern hängen seitlich locker nach unten. Ihre Lunge bekommt viel Raum zum Atmen. Sie stehen im Moment nur, sprechen noch nicht. Im Moment geht es darum „sich zu sortieren". Vermeiden sie die protestantische oder katholische Bethaltung. Ihre Hände liegen leicht ineinander. Sie kommen von dort schnell in die Gestik, wenn sie beginnen, zu sprechen beginnen.

Bevor sie starten, bauen sie Kontakt zum Publikum auf. Sie wissen ja: Ihr Lächeln und der Augenkontakt öffnen Türen. So entsteht Ausstrahlung und die so wichtige Verbindung von ihnen zum Publikum. Wenn sie in diesen Moment bereits „tot" reden, bauen sie keine Präsenz auf und es entsteht nicht der wertvolle Kontakt mit den Zuhörern. Noch ehe sie beginnen zu sprechen, atmen sie noch einmal bewusst aus. Somit haben sie eine freie Stimme.

## Die knackig-kurze Selbstpräsentation

Auch diese Situation kennen sie: sie sind auf einer Veranstaltung und werden gefragt: Was machen sie eigentlich beruflich? Nichts ist langweiliger als solche Antworten: *„Ich habe eine Ausbildung als Sekretärin und arbeite bei einem IT Unternehmen in Langen. Bin dort schon über zwölf Jahre als Chefsekretärin tätig, aber zurzeit mache ich noch eine Fortbildung als Personal Trainerin. Ich wollte eigentlich schon immer mit Menschen arbeiten. Eigentlich hat es angefangen damit, dass ich nach einem Burnout selbst...".*

Die Langatmigkeit einer solchen Antwort verdirbt die Chance auf eine flotte Selbstdarstellung, was für das aktive Netzwerken nicht gerade förderlich ist. Solche Vorstellungen erlebe ich bei Treffen vieler „TBC´s" (Trainer, Berater und Coaches). Meist sind die Zuhörer von einer derartigen Informationsfülle erschlagen, schalten auf Durchzug und geben dem Gespräch eine andere Wendung, damit es wieder unterhaltsamer wird. Schade nur, dass die günstige Gelegenheit für Eigenwerbung so nicht genutzt wird.

Es ist schon eine besondere Herausforderung, das eigene Tun wirkungsvoll hervorzuheben. Der so genannte „Elevator Pich" aus dem Amerikanischen basiert auf der Idee, auf einer ca. 30 bis 45 Sekunden langen Fahrt im Fahrstuhl seinen Gesprächspartner von einer Idee oder Leistung zu überzeugen. Eine bestimmte Person wird direkt angesprochen, weil man sie für sich gewinnen und ihre Visitenkarte „erhaschen" möchte.

Für das Kontakte knüpfen auf Veranstaltungen ist dieses Vorgehen weniger geeignet. Hierfür bietet sich die 10-Sekunden-Werbung an. Mit dieser Form einer Kurzvorstellung bringen sie ihr Angebot oder ihre Dienstleistung kurz und knackig in einem oder zwei Sätzen auf den Punkt. Mehr ist in etwa zehn Sekunden nicht zu sagen. Doch was sie sagen, sollte so interessant sein, dass ihr Gegenüber die Brücke, die sie damit im Gespräch bauen, auch beschreitet und das Gespräch mit ihnen aufnimmt. Voraussetzung ist, dass sie das, was sie zu bieten haben, so ansprechend verpacken, dass der Nutzen deutlich wird und Emotionen und Bilder entstehen.

Dadurch wird aus dem Small Talk leicht ein anregendes Gespräch über die Vorzüge und Einzelheiten ihrer Tätigkeit.

Ziel ist es also, sich im kleinen Kreis so interessant zu beschreiben, dass Nachfragen von alleine kommen. Sie haben mit ihrer Kurzvorstellung bestenfalls so neugierig gemacht, dass die Tür für Gegenfragen geöffnet ist und ein lockeres Gespräch beginnt. Hier einige Beispiele für gelungene 10-Sekunden-Werbungen:

- Feng Shui plus Büroorganisation: „Ich bin ein Coach, der Helligkeit und Energie in jeden Winkel bringt. Die Mitarbeiter im Büro fühlen sich befreit und konzentrieren sich auf das Wesentliche."

- Ernährungsberaterin mit Zielgruppe Manager: „Ich schule die neue Ess-Klasse. In meiner Beratung erleben stressgeplagte Manager, wie ihr Motor leistungsfähig bleibt und lange läuft."

- Heilpraktikerin, Ausrichtung Musiktherapie: „Mit dem Wissen um tiefere Zusammenhänge vermittle ich Menschen in Krisenzeiten Freude am Leben."

- Lebensberater: „Als Coach eröffne ich meinen Klienten die Türe zu neuen Gedanken- und Gestaltungsspielräumen."

- Positionierungscoach: „Ich bin ein Schubsengel für authentisches Marketing. Meine Kunden bringen Schwung in ihr Profil und vermarkten sich erfolgreich."

- Personal Trainerin mit Angebot für Übergewichtige: „Als Personal Trainerin begleite ich starke Frauen zu mehr Leichtigkeit im Leben."

## Übung 5: Weg zu ihrer 10-Sekunden-Werbung

Mit den folgenden Schritten entwickeln sie ihre persönliche 10-Sekunden-Werbung. Zunächst bereiten sie sie schriftlich in drei Schritten vor.

1. Was machen sie eigentlich?
Beschreiben sie mit höchstens fünf Stichworten, was sie beruflich machen. Wählen sie dafür aus ihrem gesamten Angebot wirklich nur einen Themenbereich aus, am besten den, in dem ihr Herzblut steckt.
*
*
*
*

2. Was ist daran besonders?
Welche besonderen Aspekte kennzeichnen ihre Arbeit? Was hebt sie von anderen ab, die das gleiche tun? Beschränken sie sich auf die drei wichtigsten Punkte:
*
*
*

3. Und was hat der Kunde davon?
Welchen Nutzen bieten sie mit ihrer Arbeit? Was bringt es ihren Kunden für Vorteile, mit ihnen zu arbeiten?
*
*
*

Damit kommen wir zur Formel, nach der sie aus der Vielzahl der Punkte ihre persönliche Kurzvorstellung gestalten:

| | |
|---|---|
| • Ich bin | Wer sind sie? Welche Rolle haben sie? |
| • Ich mache | Tätigkeitsbeschreibung mit aktiven Verben |
| • Nutzen plus | Was haben andere davon? |
| • Ergebnis | Wodurch unterscheiden sie sich? |

Bei der Formulierung kommt es jetzt auf ihre Wortwahl an. Nutzen sie überraschende Bilder, witzige Kombinationen und aktive Verben (zum Beispiel entwickeln, erleben, entdecken statt tun, haben, werden).

Ihre 10-Sekunden-Werbung lautet:

---

(Quelle: U. Bergmann, Die Mutmacherin®)

**Tipp:** Sprechen sie ihre 10-Sekunden-Werbung in der Testphase oft vor sich hin, bis sie ihnen flüssig von den Lippen geht. Ansonsten feilen sie noch daran. Nutzen sie sie nicht nur in der Vorstellung, sondern auch, leicht abgewandelt, bei anderen Gelegenheiten – auf der Einstiegsseite ihrer Webseite – als Einstieg in der Telefonakquise – als Teaser in Mailings – als Eröffnungssatz eines Workshops.

*[Notiz: Selbst-PR!]*

**Tipp:** Überprüfen sie ab und zu, ob ihr Satz noch stimmt. Passen sie ihn an ihre eigene Entwicklung an, damit er auch in Zukunft noch zu ihnen passt.

## Sich vorstellen mit GNIF

Der Kniff mit dem GNIF unterstützt sie, wenn sie sich selbst bei jemandem vorstellen möchten um in ein Zweier-Gespräch zu kommen. Er ist ein guter Eisbrecher für den Einstieg in den Small Talk und er ermöglicht ihnen, von ihrem Gegenüber Informationen zu erhalten.

**G** - der GRUSS (regional üblich)

**N** - der NAME (Vor – und Nachname vollständig)
   („Ich bin..." ist besser als „Ich heiße...")

**I** - eine INFORMATION (Ein, zwei Sätze zu sich, um eine Gesprächsbasis zu schaffen)

**F** - eine FRAGE an ihren Gesprächspartner. Vorteilhaft sind „W-Fragen": das Fragewort (wer, was wann, weshalb...) wird das Gespräch in Gang zu bringen.

Zum GNIF das Beispiel der Rückenpower-Trainerin Frau Walter. Sie will auf einer Netzwerkveranstaltung Frau Wolf, die Leiterin des Frauenreferats der Stadt kennen lernen, um auf ihr besonderes Angebot aufmerksam zu machen. Ihr Ziel ist es, im Rahmen des Veranstaltungsprogramms der Stadt eine Workshopreihe für weibliche Büromitarbeiter anzubieten. Ein erstes Teilziel ist ein Kennenlern-Gespräch, in dem sie Frau Walter von sich und ihrem Angebot überzeugen will.

*Hallo, ich bin Regina Walter und möchte mich ihnen gerne vorstellen!*

(Gegenseitiges Handgeben, Frau Wolf nennt ebenfalls ihren Namen und ihren Titel. Der Small Talk beginnt).

*Schön, dass ich sie hier kennen lerne! Ich bin erstaunt über die Größe dieser Veranstaltung und auch über die vielen Info-Stände.... Seit wann organisieren sie schon diesen Event für das Frauenreferat der Stadt?*

(Frau Wolf berichtet davon und Frau Walter stellt weitere Fragen, um das Programm für Frauen noch besser zu verstehen und um ihr Interesse zu zeigen. Dann bringt sie ihre Kompetenz ins Gespräch.)

*Ich bin selbstständig als Rückenpower Trainerin und habe mich mit einem Programm für Bürokräfte spezialisiert. Dazu gebe ich Workshops für mehr Kraft und Leichtigkeit am Arbeitsplatz.*

Jetzt hat sie bereits offene Ohren bei Frau Wolf, denn Rückenprobleme am Schreibtisch kennt auch sie. Sie vertiefen das Thema in einem angeregten Gespräch. Darin macht Frau Walter durch die ein oder andere Bemerkung ihr Know How deutlich. Sie spricht von ihrem speziellen Angebot und schlägt dazu einen Präsentationstermin im Frauenreferat vor. Frau Wolf reagiert positiv auf den Vorschlag und bestätigt ihr Interesse.

*Das war ein sehr interessantes Gespräch, Frau Wolf, und ich freue mich, wenn wir das nächste Woche dann vertiefen.*

Frau Walter nutzt die Vergangenheitsform und macht dadurch deutlich, dass der Small Talk an dieser Stelle enden kann. Beide tauschen ihre Visitenkarten, verabreden sich zu einem Telefonat in der nächsten Woche, geben sich die Hand und wünschen sich noch viel Vergnügen auf der Veranstaltung.

**Tipp:** Der Kniff mit dem GNIF funktioniert besonders gut, wenn sie sich im Vorfeld vor einer Veranstaltung zu „F" bereits verschieden offene Fragen zum Anlass oder zur Person (beginnend mit was, wann, wer, usw.) vordenken.

# Kleines Gespräch mit großer Wirkung

Den meisten Menschen fällt der Small Talk schwer, Wie anfangen, wie wieder aus der Situation heraus kommen, wenn es anstrengend wird? Nur oberflächlich betrachtet ist Small Talk oberflächlich. In Wirklichkeit hat er wichtige soziale Funktionen:

- Er fördert es, Distanz ab- und eine persönliche Beziehung aufzubauen.
- Er hilft, sich kurzfristig Informationen über einen Sachverhalt zu holen.
- Er unterstützt darin, Menschen kennen zu lernen und sich vorzustellen.

Ein lockeres, kleines Gespräch ähnelt einem Ping-Pong Spiel. Jeder gibt dem anderen die Gelegenheit, den Ball zurück zu spielen und sich so am Gespräch zu beteiligen. Alleinunterhalter sind beim Small Talk nicht gern gesehen. Sie entpuppen sich als schlechte Zuhörer und missachten die Spielregeln. Ein guter Small Talk besitzt die Chance, sich auf lockere Weise einzubringen und seinem Gegenüber Wertschätzung zu signalisieren. Manch eine Begegnung wird durch das Kennenlernen beim Small Talk zu einem Geschäftskontakt. Ich gebe also meinem Gesprächspartner Gelegenheit, sich darzustellen, höre zu, stelle Fragen. Andererseits nutze ich die Chance, den „Ball aufzunehmen" und meinerseits etwas zu erzählen.

Das Zeichen für eine Gesprächsbereitschaft (und gleichzeitig Zeichen der Höflichkeit, wenn ihnen jemand vorgestellt wird) ist das Handgeben. Nicht Handschütteln, wie die Prominenten vor der Kamera, sondern sie reichen die Hand und drücken sie kurz. Das geschieht mit freundlichem Blick und Zugewandtheit in der Körperhaltung. Nutzen sie diesen Moment der gegenseitigen Vorstellung für ihre 10 – Sekunden – Werbung.

Ein aktives Zuhören verbunden mit einer positiven Sprache unterstreicht ihre Souveränität beim Netzwerken und bei privaten Begegnungen.

Aktives Zuhören ist insbesondere dann von Nutzen, wenn
- der Kontakt zum Gesprächspartner verbesert werden soll
- es darum geht, das Verständnis für den Gesprächspartner zu erhöhen.

Formen des aktiven Zuhörens können sein:

**Non-verbal**
- dem Gesprächspartner zugewandt sitzen/stehen
- Augenkontakt halten
- mit dem Kopf nicken

**Emotional**
- sich in die Lage des Gesprächspartners hineinversetzen
- sich innerlich für seine Fragen und Wünsche öffnen/empathisch werden

**Verbal** durch Satzanfänge wie:
- „sie haben das Gefühl, dass ..."
- „sie meinen, dass ..."
- „sie denken, dass ..."

**Tipp:** Wenn sie unsicher sind, was in dem anderen vorgehen könnte, sie aber für den weiteren Gesprächsverlauf echtes Interesse bekunden möchten, helfen solche Satzanfänge weiter:
- „Habe ich sie richtig verstanden?"
- „Ich habe den Eindruck, dass ..."

Letztendlich ist Small Talk der „Türöffner" zum Kontakte knüpfen beim realen Netzwerken (S. 83). Ich liebe das kleine Gespräch mit Empathie, in dem jeder zum Zug kommt und nicht eine selbstdarstellerische Art die Oberhand gewinnt. Dann macht es Freude und der Unterhaltungswert ist groß. Falls ihnen die Themen dazu fehlen: Eine Auswahl passender Themen lesen sie auf Seite 73.

## Vom Small Talk zum Business Talk

Der Small Talk ist das kleine Gespräch, das eine lockere Atmosphäre herstellt, und doch unverbindlich ist. Möchten sie den Kontakt vertiefen? Haben sie im Gespräch einen Bedarf gehört, und möchten ihre Beratungsleistung anbieten, dann thematisieren sie dies freundlich und fragen nach, wann sie mit ihrem Gesprächspartner dazu in Ruhe sprechen können. Oder sie ziehen sich zum Beispiel auf einer Netzwerkveranstaltung aus dem Geschehen zurück in ein Zweiergespräch.

Denn der Small Talk ist nicht vergleichbar mit dem so genannten Business Talk. Hier findet ein fachliches Gespräch statt, eine Bedarfsklärung oder eine Vereinbarung zwischen zwei Gesprächspartnern. Er ist Teil ihrer Akquise. Sie skizzieren zum Beispiel die Idee einer gemeinsamen Geschäftsbeziehung oder verabreden einen Beratungstermin und klären dazu die Inhalte.

**Tipp:** Lassen sie sich im Small Talk nicht kostenlos ihr Berater Know-How entlocken. Manch ein Small Talker nutzt ihn, sich kostenfrei Know-How einzuholen. Achten sie darauf, dass sie es beschreiben, aber auf eine allgemeine Art und nicht problem- oder personenbezogen. Sehr Bereitwillige wundern sich, dass sie keine Termine machen können, haben allerdings bereits im Vorfeld ihr „Pulver verschossen." Der Bedarf bei ihrem Gesprächspartner wurde da wohl vorab bereits gedeckt.

## Die galante Verabschiedung

Die gute Nachricht für Small Talk Muffel: Das kleine Gespräch kann auch als Lückenfüller dienen und ist auch in wenigen Minuten möglich, zum Beispiel beim Warten vor dem Aufzug. Haben sie erkannt, dass der Gesprächspartner ohne jedes Interesse für sie (oder sogar lästig) ist, dann dürfen sie sich jederzeit freundlich wieder verabschieden: sie sind trotzdem nicht unhöflich, sondern haben lediglich für sich gesorgt.

Vorurteile über den Small Talk gibt es viele. Strategie oder Talent – es kommt vor allem auf ihr Bewusstsein, ihre innere Einstellung und ein wenig Übung an, um eine gute Gesprächsatmosphäre herzustellen.

**Tipp:** Möchten sie sich verabschieden, so sprechen sie in der Vergangenheitsform „Es war schön, dass wir uns auf dem Kongress hier getroffen/kennen gelernt haben ..." oder „Das Gespräch mit ihnen war so interessant, dass...". Geben sie ihrem Gesprächspartner ihre Visitenkarte, wenn sie den weiteren Kontakt wichtig finden.

Auf jeden Empfang einer Visitenkarte geben auch sie ihre im Gegenzug weiter. In einem Unternehmen geben sie als Besucher ihre Visitenkarte der Sekretärin. Eine weitere befindet sich in ihrer Präsentationsmappe. Nach einem Treffen, einer Messe oder Zusammenkunft interessanter Gesprächspartner notiere ich mir spätestens am nächsten Tag den Anlass, den Inhalt in Stichworten, gegebenenfalls Interessen oder Anliegen meines Small Talk Partners. So habe ich die Möglichkeit in meinen Kontakten (Outlook/Adressbuch) einen Eintrag mit persönlichen Stichpunkten zu machen. Durch diese kleine Erinnerung ergibt sich später, bei einem weiteren Gespräch oder Telefonat ein lockerer Gesprächseinstieg.

**Tipp:** Bei Kongressen und Veranstaltungen kursiert eine wahre Flut von Visitenkarten. Daher genügend von ihren Karten, ggf. auch Flyer zum Auslegen mitnehmen.

**Tipp:** Reagieren sie zeitnah (innerhalb 24-48 Std.), wenn sie im Small Talk eine Zusage/ein Versprechen gegeben haben (Linktipp, Buchempfehlung, Tipp für einen Lieferanten etc.). So sie bleiben in positiver Erinnerung.

Die Tipps aus diesem Kapitel werden sie darin unterstützen, sich selbstbewusst zu präsentieren und ihre Präsenz deutlich zu steigern. Selbst wenn sie sich eher als zurückhaltend erleben und mehr das Einzelgespräch als die Masse von Menschen suchen, wenn sie Scheu im Umgang mit Anderen haben – es lohnt sich stets, schlechte durch bessere Erfahrungen zu ersetzen. Bleiben sie nicht bei einer unguten Erfahrung stehen.

Sie haben Herzblut in dem was sie tun. Senden sie die Freude an ihrer Arbeit auch aus. Denn das, wofür sie brennen, möchte nur noch nach außen gebracht werden. Bringen sie ihre Begeisterung zum Strahlen, so wie die Sonne die Natur zum Strahlen bringt. Das Kapitel PLATTFORM wird ihnen wichtige Hinweise geben, wo sie ihre Kunden ansprechen, damit die sie finden, und welche „Bühnen" sie für ihr authentisches Marketing nutzen.

*Menschen mit Präsenz besitzen nicht etwas, das ein anderer nicht besitzt. Sie haben einfach viele der Dinge beseitigt, die ihrem besten Selbst im Wege stehen.*

(Verfasser unbekannt)

## Small Talk – Spielregeln

1. Sie sind ein guter Zuhörer und gehen auf das Gesagte ein. Ihr Gesprächspartner soll sich im Gespräch wohl fühlen.
2. Glauben sie nicht, zu jedem Thema eine Geschichte erzählen zu müssen. Oft reicht das aktive Zuhören.
3. Wer lächelt, erscheint sympathisch. Gemeinsam Lachen verbindet, aber bitte nicht auf Kosten Dritter. Halten sie Blickkontakt und beachten sie die Distanzzone von mindestens 50 cm zu ihrem Gesprächspartner.
4. Small Talk ist weder Verhör, noch Interview. Erzählen sie auch etwas Interessantes, denn niemand will ausgefragt werden.

5. Komplimente müssen aufrichtig sein. Als Strategie sind sie unwirksam.
6. Bitten sie andere um Rat. Damit zeigen sie, dass ihnen deren Meinung wichtig ist und sie lernen dazu.
7. Achten sie auf eine positive Grundhaltung und Wortwahl.
8. Nach einem Treffen mit für sie interessanten Menschen nutzen sie die Information der Visitenkarte für ihre Adressdatei. Eingefügt werden der Anlass des Treffens und das Datum, eventuell Gesprächsdetails, an die sie im nächsten Telefonat anknüpfen können.

**Tipp:** Stets passende Themen sind:
Familie, besondere Ereignisse in der Stadt, worauf sie sich freuen, das Wetter (wenn sie darüber sprechen, was sie daran schön finden), Beruf und Ausbildung, Künstler und Prominente, Computer, Einkaufen und Preise, Freizeitaktivitäten, Gesundheit und Wellness, Handys, Internet, Kino, öffentliche Veranstaltungen, Kunst, Lebensstil, Literatur, Natur und Landschaften, Orte, Partnerschaft und Familie, Sehnsucht und Träume, Sport, Tiere, Urlaub und Kulturereignisse, Wohnen.

**Tipp:** Vermeiden sie beim Small Talk: Lästern, ganz gleich welches Thema, Themen wie Krankheit, Tod, Sexualität, Politik.

# Kapitel 4 – Plattform

WO sie wirken. In diesem Kapitel erfahren sie Wissenswertes für ihren stimmigen Werbeauftritt und welche „Bühnen" für ihren Auftritt sinnvoll sind. Sie erkennen, wie sie Plattformen aktiv nutzen, damit ihre Kunden *sie* finden. Und sie lesen, wie sie ihre Kunden zu Fans machen.

Die Kapitelfarbe ist ROT. Sie steht für Kraft und Aktion, sie ist die Farbe des Feuers und der Energie. Sie steht für ursprüngliche Kraft, für Sexualität und für Dynamik. Denken wir an Rot, so assoziieren wir möglicherweise auch Aggression, Wut oder Gefahr. Wer im realen Leben Rot nicht beachtet, fährt in die Gefahr – und das Rote Kreuz wird auftauchen oder die Feuerwehr.

Das so genannte Wurzelchakra betrifft den Uro-Genitalbereich sowie auch die Beine und den Blutkreislauf. Im ganzheitlichen Sinn spricht Rot für Durchsetzungskraft. Die Farbe wirkt motivierend und vitalisierend, sie regt den Stoffwechsel an und löst Stauungen und Blockaden. Rot wirkt bei Antriebsschwäche, Morgenmüdigkeit und Durchblutungsstörungen.

Nicht jeder Tag ist ein Tag für Rot. Holen sie sich diese belebende Farbe als Accessoire in ihr Wohnumfeld (z.B. als Kissen) oder auf den Schreibtisch (z.B. als Tasse/Schale). So kann sie in kleiner Dosierung wirken.

Das menschliche Auge nimmt Rot sofort wahr. Die Farbe hat Signalwirkung, sie fällt auf jeden Fall auf – und das ist auch beim authentischen Marketing enorm wichtig.

## Der Auftritt ihres Unternehmens

Man spricht vom Corporate Image, dem Bild eines Unternehmens wie es in der Öffentlichkeit wahrgenommen wird. Ihr Beratungsunternehmen oder Institut wird seine unverwechselbare Identität erhalten. Im Kapitel PRÄSENZ haben sie einen Blick auf ihr persönliches optisches Erscheinen geworfen. Jetzt geht es um die einheitliche Selbstdarstellung nach außen.

Vor der Gestaltung von Flyer, Visitenkarte, Briefpapier und Internetauftritt sind einige Entscheidungen von ihnen zu fällen. Denn nichts verwässert einen Eindruck mehr, als wenn sich nach kurzer Zeit die Unternehmensfarben, das Flyerdesign oder gar das Logo verändern. Damit ernten sie nicht das Vertrauen ihrer Kunden, sondern lediglich Irritation.

## Flyer, Visitenkarte, Geschäftspapier

Flyer und Visitenkarte unterstützen dabei, sich dort bekannt zu machen, wo sie persönlich erscheinen (auf einem Netzwerktreffen, Treffen mit Fachkollegen, Kongress etc.). Der Flyer wird zudem bei den so genannten Multiplikatoren (siehe S. 87) ausgelegt, vorzugsweise an Orten, wo sich ihre potentiellen Kunden aufhalten. Angebote und Rechnungen stehen auf Briefpapier mit dem gleichen Erscheinungsbild ihres Unternehmens. Die optische Botschaft entscheidet darüber, ob Interessenten ihren Flyer in die Hand nehmen.

**Tipp:** Nutzen sie für die Farbgestaltung von Logo, Schrift und Papier ihre persönliche Farbfamilie. Wählen sie also die Farben, die sie persönlich unterstützen, auch für den Firmenauftritt. Das entspricht ganz ihnen und unterstützt daher kraftvoll ihr authentisches Marketing.

**Tipp:** Nutzen sie das kostengünstige Angebot eines Designers, der Existenzgründern ein „Starterpaket" anbietet. Den finden sie beispielsweise in einem realen Unternehmernetzwerk in ihrer Nähe oder im Netzwerk Ganzheitlichkeit.

Wenig ansprechend wirken Drucksachen, bei denen seitenlang getextet, methodische Vielfalt dokumentiert oder langatmig Lebenslauf und Informationen transportiert werden. Zuerst sind es die optischen Botschaften (Farbigkeit, Bilder, Logo, ein ansprechender Slogan), die Interesse für ihr Angebot entzünden. Sparen sie daher nicht an einem ansprechenden Auftritt. „Selbstgestrickt" sieht man Flyer-, Visitenkarten- und Logogestaltung direkt an.

Zu Beginn meiner Selbstständigkeit investierte ich in ein Logo sowie passendes Briefpapier und Visitenkarten. Sie begleiteten mich über viele Jahre. Ich fühlte mich sehr wohl damit und machte mir keine Gedanken mehr über meine CI. So gesehen war es eine langfristige und lohnenswerte Investition.

## Bilder sprechen Bände

Bei der Auswahl von Bildern für Flyer oder Webseitengestaltung bietet das Internet Möglichkeiten, themengerechte Fotos kostengünstig zu erwerben (Linktipps). Der Aspekt „Gesundheit und Wohlbefinden" lässt sich bildhaft gut darstellen, denken sie nur an die Signalwirkung von zwei Hanteln. Stellen sie sich einen Apfel, umschlungen von einem Maßband vor oder eine Tasse frisch aufgebrühten Gesundheitstee.

Bilder von freundlich lächelnden, glücklich aussehenden Menschen sprechen auf den Home- und Willkommenseiten eines Webportals besonders an. Ob die Menschen einzeln oder in Gruppen gezeigt werden entscheiden sie passend zu ihrem Beratungsthema. Ein Ausschnitt oder Detail eines Bildes sagt oft mehr als eine Gruppe von Teilnehmern in einem großen Raum, deren Stimmung nur ungenau erkannt wird.

**Achtung:** Bilder oder Texte nicht einfach von anderen Webseiten kopieren, das ist strafbar und führt häufig zu Abmahnungen!

Ihr persönliches Foto neben ihrem passgenauen Angebot entscheidet, ob ihre Kunden sich angesprochen fühlen und Kontakt zu ihnen aufnehmen. Achten sie auf Aktualität, denn bei einem Foto, das sich lange überlebt hat, ist das Erstaunen beim Kunden groß, wenn sie ihm live entgegen treten. Auch hier erwartet ihr Klient Glaubwürdigkeit. Eine zugewandte Haltung, ein offener Blick in die Fotokamera wird ein ansprechendes Foto hervorbringen. Stellen sie sich beim Fotoshooting vor, hinter der Kamera säße ihr Herzblut-Kunde und will angesprochen werden. Das zaubert Glanz in ihre Augen und ein Lächeln aufs Gesicht, auch wenn sie Fotografieren blöd finden.

**Tipp:** Selten sieht man sich selbst mit neutralen Augen an. Falls sie sich persönlich auf ihrem Foto nicht ansprechend finden, legen sie eine Auswahl ihrer Portraitfotos einem Freund vor. Der wird ihnen Rückmeldung geben, wann sie natürlich lächeln und nicht gekünstelt.

## Der Internet Auftritt

Gehen sie davon aus, dass unter ihren Kunden die meisten Fans des Internets sind. Im World Wide Web suchen die zukünftigen Klienten, die sie nicht persönlich in einem Workshop oder über eine Empfehlung kennen lernen. Der Interessent googelt möglicherweise auch den Spezialisten in der übernächsten Stadt, da er nicht dorthin gehen will, wo ihn „jeder kennt".

Beim Auftritt im Internet spielen verschiedene Aspekte eine Rolle:
Die optische Darstellung (das Layout), die technische Umsetzung (das Programmieren) sowie das Texten der Seiten (auch dafür gibt es den Experten).

Der Designer für ihr Logo wird möglicherweise den Auftrag für die Homepage-Gestaltung übernehmen. Fragen sie vorher nach Erfahrung und Referenz-Projekten. Er kennt ihre Wunschzielgruppe und Firmenphilosophie durch die Zusammenarbeit mit ihnen. Entweder kooperiert er mit einem Partner, der das Programmieren übernimmt oder er kann ihnen eine Empfehlung geben.

In Sachen Suchmaschine und Webmarketing sind für sie die so genannten Keywords interessant. Keywords sind Worte oder Wort-Kombinationen, mit denen Interessenten nach Angeboten im Internet suchen. Diese „Schlüsselwörter" haben *beim Texten* eine besondere Bedeutung, da sie für eine Suchmaschine wie Google die Relevanz zur Suchanfrage herstellen.

An dieser Stelle bitte nicht in die Selber-Mach-Falle tappen: Gerade Texte müssen Besucher und Suchmaschinen gleichermaßen überzeugen. Das Internet stellt besondere Anforderungen an Textaufbau und Formulierungen. Entscheidend für den Suchenden im Netz ist die Attraktivität der Erstseite. Nur wenige Sekunden bleiben, um hier überzeugend zu sein. Findet der Leser sein Interesse auf dieser Seite nicht wieder, fühlt er sich nicht davon angesprochen und klickt auf Seiten anderer Anbieter weiter.

Das Fazit:
Bei der Webseitengestaltung ist ein Experte gefragt. Eine gute Möglichkeit Kosten zu reduzieren, ist ein Redaktionsprogramm (Content Management System), mit dem sie die Inhalte selbst eingeben können.

**Tipp:** Fragen sie den Experten für Homepages und Internet-Marketing nach einem Gesamtangebot für ein Redaktionsprogramm zur Webseite, so dass sie selbst Texte ändern können.
Das Angebot umfasst für ihre Webseite:
- die Keywordrecherche plus Verlinkung ihrer Seite nach Webmarketing-Regeln.
- ca. 8 Seiten Programmierung
- ggf. Schulung zum Redaktionsprogramm

## Heilpraktiker aufgepasst

Heilpraktiker dürfen keinerlei Vorher-Nachher-Abbildungen zu Werbezwecken, oder Patienten während der Behandlung zeigen. Im Detail bedeutet das: Wenn sie eine Methode (z.b. den kinesiologischen Muskeltest) per Foto erklären möchten, dürfen weder sie noch der Patient als Person erkennbar sein. Ausweg: Nahaufnahmen – man sieht zum Beispiel nur den Oberarm mit Schulter und eine andere Hand die diese berührt.

Wenn sie ein Foto von sich zeigen möchten – was Sinn macht, denn ich möchte als Patient wissen, wem ich mich anvertraue – darf es kein Foto sein, dass sie hinter ihrem Schreibtisch in ihrer Praxis zeigt. Dankesschreiben von zufriedenen Patienten dürfen sie ebenfalls nicht auf der Webseite oder auf Flyern veröffentlichen.

Wenn sie ihre Behandlungsmethode auf ihrer Homepage vorstellen wollen, dürfen auch hier keine Heilversprechen auftauchen. Das bedeutet, sie sollten Formulierungen wie „hilft bei..." zugunsten von „wird eingesetzt bei..." ersetzen. Hilfreich ist auch der Zusatz „Diese Methode ist in der klassischen Medizin / in der Wissenschaft nicht anerkannt."

Das Heilmittelwerbegesetz regelt dies streng, da der Werbeadressat ein Patient ist und somit eine besondere Schutzfunktion einnimmt. Diesem Umstand hat der Gesetzgeber dadurch Rechnung getragen, dass er für das Heilwesen besondere Wettbewerbseinschränkungen, das Heilmittelwerbegesetz (HWG) geschaffen hat.

Das Kosmetikrecht im engen Sinne enthält keine Definition zu Vorher-Nachher-Bildern, aber Kosmetikerinnen dürfen nicht im Sinne des „Heilens" handeln und keine pathologischen Zustände behandeln.

Hier greift ebenfalls das HWG, da laut dem Gesetzgeber bei Abbildungen zu Hautzuständen schwierig zu überprüfen ist, ob die dargestellte Verbesserung der Haut ausschließlich auf das beworbene Mittel oder die Anwendung zurückzuführen ist, oder andere Faktoren eine Rolle spielen.

Diese strengen rechtlichen Rahmenregelungen können die Gestaltung einer Homepage ganz schnell zu einem Abmahnrisiko werden lassen. Für Profis im Bereich Haut- und Schönheitspflege geben die Fachverbände und Fachforen ebenfalls Auskunft darüber, wie werbetechnisch zu handeln ist.

Organisationen wie die AGTCM e.V. (Arbeitsgemeinschaft für klassische Akupunktur und traditionelle chinesische Medizin) als berufsübergreifende Interessensgemeinschaft gibt seinen Mitgliedern Rückmeldung zu dem Thema, sagt aber auch deutlich, dass aufgrund der derzeitigen Gesetzesgrundlage keine absolute Abmahn-Sicherheit gegeben werden kann.

Im Anhang finden sie unter den Empfehlungen einen Spezialisten fürs Webmarketing von Heilpraktikern.

## Werbung über Printmedien

Die Anzeigenschaltung in regionalen Werbeblättern und Zeitschriftenbeilagen ist sinnvoll, wenn sie eine besondere Aktion, eine Neuigkeit oder ein Event (z.B. Eröffnung/Tag der offenen Tür) bekannt machen wollen. Anzeigen benötigen einen auf das Wesentliche reduzierten, knackigen Text. Dabei sollen sie Aufmerksamkeit erringen und gleichzeitig einen Impuls auslösen. Im besten Falle wird der Leser zum Telefon greifen oder sich genauere Informationen auf ihrer Webseite holen. Oftmals ist der Rücklauf nicht im Umsatz messbar und die Kosten hoch.

Der Effekt der Schaltung von Anzeigen: Sie geben der Leserschaft das Signal, dass es sie (weiterhin) gibt und dass sie sich unternehmerisch zeigen. Sie wissen ja, ein erster Kontakt kommt nachweislich erst nach ca. 8 Begegnungen mit ihnen oder ihrem Unternehmen zustande. Kleinanzeigen mit dem Ziel, ihr Unternehmen in Erinnerung zu rufen, lohnen sich monetär erst nach sehr vielen Schaltungen.

Denken sie also beim Texten der Anzeige an den „Response", der Rücklauf. Der Leser soll motiviert werden, durch ein besonders Angebot (z.B. Teilnahme an einer Verlosung, einen Bonus bei Anmeldung) Kontakt mit ihnen aufzunehmen. So erhalten sie Gelegenheit für ein Gespräch, werden wahrscheinlich die Kontaktdaten des potentiellen Kunden erfassen und ihn fragen können, ob er Interesse an Newsletter oder speziellen Informationen hat.

Eine kostenlose Werbung in Printmedien erreichen sie durch ihren Einsatz für eine gute Sache.

Dazu ein Beispiel: Im Rahmen einer Veranstaltung für Senioren in ihrer Stadt bewerben sie sich als Gesundheitsberater mit einem Thema aus ihrem Beratungsangebot. Ihr Vortrag – Hilfe zur Selbsthilfe bei Einschlafproblemen – ist bereits vorbereitet, da sie ihn vorab schon einmal gehalten haben. Jetzt beziehen sie sich in diesem Vortrag auf die Zielgruppe „Senioren". Klären sie mit dem Organisator im Vorfeld, dass im Zusammenhang mit diesem Vortrag ein Artikel mit Foto von ihnen sowie ihre Kontaktdaten in der nächsten Ausgabe des Stadtmagazin zu sehen sind. So können sie sich darüber freuen, dass sie als Experte eine kostenlose regionale Werbemöglichkeit nutzen, und sich als Spezialist für ein Themengebiet zeigen können.

## Werbeplattformen nutzen

Sie haben mit Hilfe der vorhergehenden Kapitel ihre eigenen Facetten erforscht und ihre Wunschzielgruppe eingegrenzt. Sie haben ihre Präsenz und ihre Fähigkeiten beim Netzwerken gesteigert.
Dann heißt es nun:
Wer gehört werden will, der muss auch trommeln!
Wo können sie auftreten, damit ihre Kunden *sie* finden?
Welche Bühnen und Plattformen werden sie nutzen?

Eine sinnvolle Aktivität für Austausch und Werbung ist das Netzwerken. Dabei unterscheide ich die Netzwerke, die ihnen Kontakte mit Gleichgesinnten bieten, von den Netzwerken, in denen sich ihre zukünftigen Kunden aufhalten. Netzwerke wollen gepflegt werden, ganz gleich ob sie real funktionieren oder Online-Netzwerke sind. Daher gilt die Spielregel: Ein Netz schwingt nur dann federnd nach, wenn sich die Teilnehmer in diesem Netz auch bewegen.

Einige Beispiele dafür finden sie im Kapitel Netzwerkaktivitäten (S.83).

Die Abbildung (S.82) gibt ihnen einen Blick auf reale und virtuelle Netzwerke, die mit Beispielen versehen sind. Die Übergänge sind „fließend", d.h. auch ein Internetportal wie Xing als Unternehmensnetzwerk bietet die Möglichkeit für sogenannte Gruppenmitglieder (z.B. in der Xing-Gruppe Frankfurt), sich real zum Netzwerken in der Region zu treffen. In den Netzwerken können hilfreiche Kontakte für sie entstehen, die sie eventuell als Lieferanten, als mögliche Geschäftspartner oder als Lernpartner für sich nutzen können.

Netzwerken fördert den Kontakt zu ihren Kunden. Je genauer sie ihren Wunschkunden verstehen, desto klarer sehen sie, wo er sich in seiner Freizeit aufhält, welche geschäftlichen/beruflichen Netzwerke für ihn interessant sind. Kurz, wo sie ihn antreffen.

Eine einfache Erfolgsregel heißt: Werben sie genau dort, wo ihre potentiellen Kunden sich befinden. Treten sie dort auf, wo ihre Wunschkunden auch sind.

# Plattformen für reales & virtuelles Netzwerken

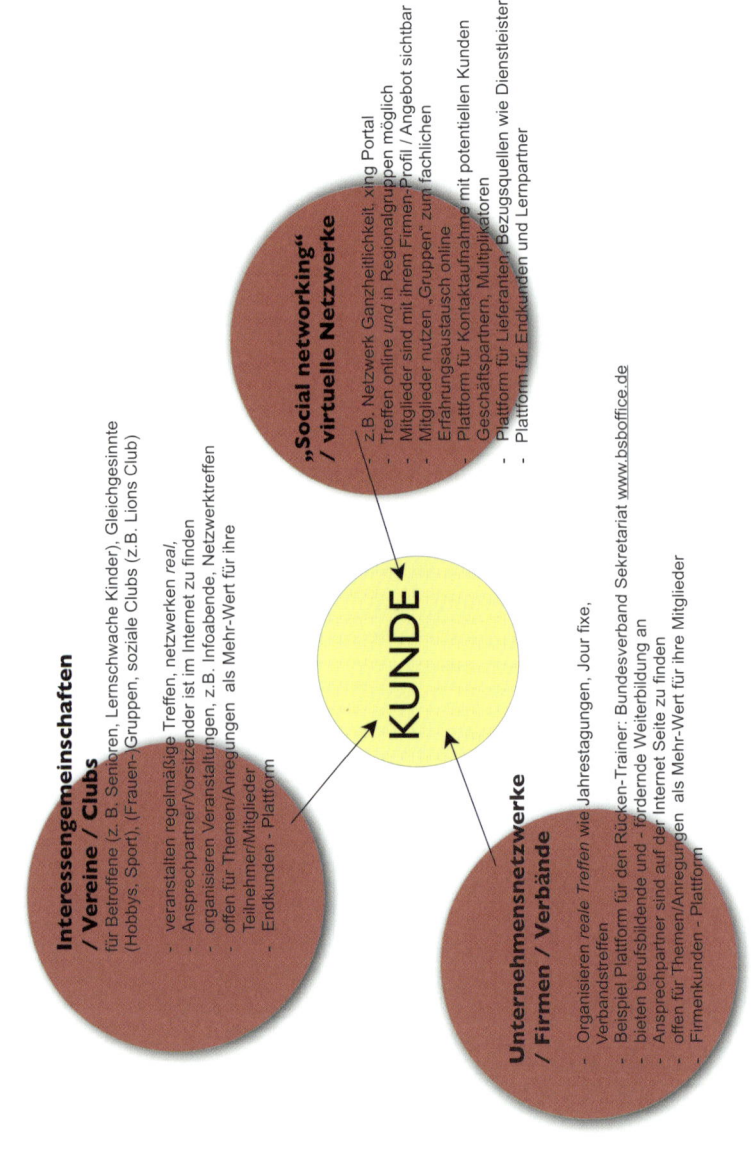

**Interessengemeinschaften / Vereine / Clubs**

für Betroffene (z. B. Senioren, Lernschwache Kinder), Gleichgesinnte (Hobbys, Sport), (Frauen-Gruppen, soziale Clubs (z.B. Lions Club)

- veranstalten regelmäßige Treffen, netzwerken *real*,
- Ansprechpartner/Vorsitzender ist im Internet zu finden
- organisieren Veranstaltungen, z.B. Infoabende, Netzwerktreffen
- offen für Themen/Anregungen als Mehr-Wert für ihre Teilnehmer/Mitglieder
- Endkunden - Plattform

**„Social networking" / virtuelle Netzwerke**

- z.B. Netzwerk Ganzheitlichkeit, xing Portal
- Treffen online *und* in Regionalgruppen möglich
- Mitglieder sind mit ihrem Firmen-Profil / Angebot sichtbar
- Mitglieder nutzen „Gruppen" zum fachlichen Erfahrungsaustausch online
- Plattform für Kontaktaufnahme mit potentiellen Kunden Geschäftspartnern, Multiplikatoren
- Plattform für Lieferanten, Bezugsquellen wie Dienstleister
- Plattform für Endkunden und Lernpartner

**KUNDE**

**Unternehmensnetzwerke / Firmen / Verbände**

- Organisieren *reale Treffen* wie Jahrestagungen, Jour fixe, Verbandstreffen
- Beispiel Plattform für den Rücken-Trainer: Bundesverband Sekretariat www.bsboffice.de
- bieten berufsbildende und - fördernde Weiterbildung an
- Ansprechpartner sind auf der Internet Seite zu finden
- offen für Themen/Anregungen als Mehr-Wert für ihre Mitglieder
- Firmenkunden - Plattform

## Netzwerk – Aktivitäten

Ein passendes Beispiel für Synergieeffekte und Chancen, auf Kooperationspartner und Lernpartner zu treffen, ist das „Netzwerk Ganzheitlichkeit." Es bietet neben dem Online Portal die über Deutschland verteilten Regionalgruppentreffen für den persönlichen Austausch an.

Als Mitglied zeigen sie sich auf der Webseite mit ihrem Firmenprofil, ihrem Bild und ihren Kontaktdaten. Dort beschreiben sie ihr Angebot und dazu ihre Aktivitäten oder Veranstaltungen. Wertvoll finde ich die Begegnung der ganzheitlich arbeitenden Mitglieder aus unterschiedlichsten Berufsfeldern auf den regionalen Treffen, die alle zwei Monate stattfinden. Dort bietet sich Gelegenheit, sich auszutauschen, Neuigkeiten zu erfahren, aber auch in angeleiteten Teams vom Ideenreichtum und Vernetztsein anderer Mitglieder zu profitieren. Ich habe dort z.B. eine Fachfrau für das Webmarketing von Heilpraktikern kennengelernt, die mir sinnvolle Tipps für mein Webseiten-Redaktionsprogramm und zur Webvermarktung gab und die ich sehr gerne weiter empfehle.

Sie haben auf einem bekannten Business-Portal, z.B. „Xing" ebenfalls ihr Profil eingestellt. Dort fragen sie sogenannte „Kontakte" an, die mögliche Interessenten für ihr Angebot sind oder die sie bei Gelegenheit zu ihren Aktivitäten informieren dürfen. Sie haben die Möglichkeit, über das ausgefeilte Suchsystem Kooperationspartner, Ansprechpartner in für sie relevanten Unternehmen oder auch Geschäftspartner heraus zu finden, mit denen sie kooperieren können.

Auf so genannten Xing Regionalgruppen-Treffen werden sie andere Gruppenmitglieder antreffen und persönliche Gespräche führen.

Ich finde dieses Netzwerk für mein 1-Personen-Beratungsunternehmen attraktiv, da es mir über das Suchsystem wichtige Firmenansprechpartner brachte.Dise hätte ich ohne das Xing Netzwerk nicht herausgefunden. Ich stelle zudem meine Veranstaltungsdaten in dieses Netz und finde so potentielle Privatkunden, die ich mit meiner Printwerbung nicht direkt erreiche.

Xing ermöglicht den Austausch durch themenbezogene „Gruppen", in die sie eintreten können. Eine spezielle Gruppe zu den Themen Lebensführung, Gesundheitsvorsorge, Heilpraxis oder eines ihrer relevanten Themen ist wertvoll für sie. Über das Einstellen ins Netz, wie bei einer realen Unterhaltung mit anderen Experten, können sie Fragen oder Meinungen platzieren und sich austauschen. Sobald sie eine Meldung setzen oder an einer Diskussion teilnehmen, erscheinen ihr (Firmen-)Name sowie ihr Foto, so dass wiederum andere Teilnehmer möglicherweise neugierig auf sie werden.

Sie sehen schon, die Teilnahme im „Social Networking" kostet sie „Pflegezeit" für ihre Kontakte. Bei wenig Aktivitäten sind das wöchentlich ca. 30 Minuten, schnell aber auch mehr, wenn sie sich in ihren „Gruppen" engagieren. Keine Frage, Zeit ist ein kostbares Gut, doch jeder Austausch in einer fachlich interessanten Gruppe ist profitabel, bringt Aspekte oder Tipps für ihr weiteres Tun.

**Tipp:** Je genauer sie sich platziert haben und je lösungsorientierter sie die Leser ansprechen, desto profitabler ist diese Form der Werbung. Nutzen sie also ein Online-Netzwerk erst dann, wenn die Schritte zu ihrer Positionierung (Kapitel PASSION) gemacht sind.

*[Randnotiz: Selbst-PR!]*

Erfolgsversprechend für ihren regionalen Bekanntheitsgrad sind ortsnahe Vernetzungsmöglichkeiten. Suchen sie sich in ihrer unmittelbaren Umgebung Netzwerke von Einzelhändlern, zum Beispiel ein Verein von Unternehmern und Selbstständigen ihrer Stadt. Bestenfalls finden sie ein Netzwerk, das ihnen ebenso Kontakte wie auch eine angenehme Freizeitbeschäftigung liefert, die sie bereichern. Der Radius sollte nicht mehr als ca. 50 km von ihrer Wirkstätte entfernt liegen.

Nutzen sie die Chance, sich bei Gelegenheit mit ihrem Spezialistentum einzubringen und vorzustellen. Die meisten der so entstehenden Bekanntschaften werden ihnen bestätigen, dass sie den Austausch von Angesicht zu Angesicht vertrauensfördern und wertvoll finden. Sie treffen so auf zukünftige Kunden, die sich erst nach dem persönlichen Kennenlernen mit ihren eigenen Bedürfnissen öffnen und einen Termin mit ihnen verabreden.

## Kunden – Netzwerke

Im Kapitel PASSION haben sie die Lupe auf das soziale Umfeld, Hobbys und Interessen ihrer Wunschkunden gehalten. Zeigen sie sich in den realen Netzwerken, wo sich ihre zukünftigen Kunden befinden. Bieten sie sich dort als Profi für Gesundheits- und Wellnessfragen an. Sprechen sie mit dem Vorsitzenden von für sie passenden Vereinen, Verbänden, Netzwerken, Stammtischen, Frauengruppen. Die werden von ihnen vorab recherchiert, so dass sie den Zweck des Netzwerks kennen, zum Beispiel Netzwerke mit sozialem Anstrich (Rotary Club, Lions Club, Zonta Club), Vereine für die Freizeitgestaltung und Interessenverbände, Business Clubs, Frauengruppen, Interessenverbände für Lernschwache, Gesundheitszentren mit Veranstaltungsprogramm etc.. Sprechen sie mit den Vorsitzenden oder Programm-Entscheidern von ihren interessanten Themen und bieten sie einen konkreten Impulsvortrag an. Das kann ein kleiner Workshop oder Vortrag auf einem Event des Netzwerks sein. Dabei geht es nicht um das Geldverdienen. Möglicherweise erhalten sie dafür lediglich einen Kostenbeitrag. Es geht darum, dass sie sich mit ihrem Know How präsentieren, dass sie ihr Thema engagiert rüberbringen und sie dabei vom Nutzen ihres Expertentums überzeugen.

So machen sie sich einen Namen, werden bei passender Gelegenheit weiter empfohlen oder direkt gebucht.

## Einstieg ins reale Netzwerken

Das reale Netzwerken bietet im Gegensatz zum Online-Netzwerken die persönlichen Begegnung und den direkten Austausch im Gespräch.

Als Interessent haben sie in der Regel die Möglichkeit, ein bis dreimal zum Schnuppern zu erscheinen, ehe sie sich fest anmelden. Ein Treffen startet in der Regel mit einer Vorstellungsrunde, in der sie ihre 10 Sekunden- Werbung, etwas erweitert durch zwei, drei zusätzliche Angaben nutzen können. Sie hören in der Vorstellungsrunde Anmerkungen der Teilnehmern und merken sich schon die Gesichter der Menschen, die sie später in einem Small Talk ansprechen möchten.

Meist folgt eine Tagesordnung sowie oftmals ein kurzer Fachvortrag. Das kann zum Beispiel eine neue Geschäftsidee, ein steuerlich interessantes Thema oder das Know How eines Mitglieds sein, das hier vorgestellt wird. Meist werden die Themen von der Netzwerkleitung einige Monate vorher ausgewählt.

Bieten sie als Gesundheits- und Wellnessprofi eines ihrer Themen an. Das muss kein langer Vortrag sein (etwa eine dreiviertel Stunde lang). Planen sie Zeit zusätzlich ein, damit ihre Teilnehmer nachher Gelegenheit haben, an sie Fragen dazu zu stellen. Bringen sie dazu etwas Praxisnahes, das sie besonders gerne machen, aus ihrem Angebot ein.

Hier einige Ideen:
- Der Rückenpower-Trainer demonstriert in seinem Vortrag die ergonomisch angenehme Anordnung von Technik und Arbeitsmaterial am Schreibtisch einer Bürokraft und liefert gleich die passenden Übungen dazu, die die Sitzposition am Schreibtisch deutlich verbessert. Für ein Team von fünf Büromitarbeitern hat er ein besonderes Angebot für mehr „Power am Arbeitsplatz" als Schnupperangebot dabei.

- Der Ernährungsexperte berichtet von den so genannten Alters-Vitaminen und lässt die Zuhörenden anhand eines gut gefüllten Obst- und Gemüsekorbes gleich die Auswahl treffen, welche der farbenfrohen Sorten nun besonders vitaminreich sind. Anschließend bietet er einen Abend-Kochkurs für die Ernährung von Senioren an.

- Die Imageberaterin berichtet von den „do's" und „dont's" der geschäftlichen Kleidung, zeigt den Netzwerkern gleich anhand von vielen Stoffmustern die Botschaft der Farben und Stoffqualitäten und lässt sie sortieren, welche davon „businesslike" sind. Als besonders Angebot bietet sie anschließend die „Kleiderschrank-Inventur" für zuhause an.

- Die Feng Shui Beraterin zeigt in ihrer Power-Point-Präsentation anschaulich Bilder ihrer Beratung, die den Vorher-nachher-Effekt deutlich visualisieren. Danach reicht sie ihrer Zuhörergruppe einige Farbpaletten, mit denen die Teilnehmer den Effekt von Kalt-Warm-Farbverbindungen ausprobieren können.

**Tipp:** Verbinden sie ihren Fachvortrag – ich nenne ihn gerne Impulsvortrag – mit etwas, was „erlebbar" für das Publikum ist. Machen sie durch hören, sehen und riechen spürbar was sie Gutes tun. Bringen sie von ihrer Ausstattung, ihrem Arbeitsmaterial oder ihren Düften Dinge mit, die sie normalerweise in ihrer Wirk-Statt umgeben.

**Tipp:** Planen sie zusätzliche Zeit für Fragen aus ihrem Publikum ein. Falls wider Erwarten nur ein, zwei Fragen an sie gerichtet werden, nutzen sie die restliche Zeit, ihr besonderes Angebot für die Zuhörergruppe vorzustellen und auf mehr von ihnen neugierig zu machen.

**Tipp:** Bieten sie nach ihrem Vortrag ein besonderes Angebot an. Damit aktivieren sie den Impuls, sich anzumelden. Ein Schnupperangebot kann zum Beispiel eine Ermäßigung bei Anmeldung innerhalb der nächsten 10 Tage sein. So können sie zeitnah mit neuen Kunden rechnen. Durch eine Angebots-Begrenzung werden sie nicht automatisch zum „Dauer-Sonderanbieter".

## Hilfreiche Multiplikatoren

Sind sie in ihrem Fachgebiet für andere ein Vorbild? Bei genauer Überlegung sind sie wahrscheinlich sogar ein „Role Model", ein Paradebeispiel zu Themen rund um das Thema „Lebensqualität". Wahrscheinlich befinden sich in ihrem Umfeld Menschen, die von ihnen als Person, von ihrem Tun und von ihrer Unternehmensidee begeistert sind, einfach, weil sie sie schätzen, oder weil sie kontaktfreudige und vernetzt denkende Menschen sind. Möglicherweise haben sie jemandem bereits schon einmal weiter geholfen. Machen sie sich dies bewusst und nutzen sie die Kontakte, die sie bereits in ihrem Bekanntenkreis haben, für eine gezielte Bitte um Weiterempfehlung.

Multiplikatoren haben gemeinsam, dass sie selbst gut vernetzt sind und dass sie Sendungsbewusstsein besitzen.

Sie revanchieren sich gerne, in dem sie zum Beispiel einen für sie interessanten Gesprächskontakt herstellen oder ihr Unternehmen bei passender Gelegenheit weiter empfielen. Ein einzelner gut funktionierender Kontakt kann mehr bewegen als viele Namen in ihrem Adressspeicher, die nicht genutzt werden.

Auch Multiplikatorenkontakte wollen gepflegt werden. Treffen sie sich in regelmäßigen Abständen, verbreiten sie Neuigkeiten aus ihrer Expertensicht. Versorgen sie sie mit dem aktuellen Flyer oder Veranstaltungsprogramm.

Zeigen sie mit einem Gutschein aus ihrem Angebot erkenntlich, sobald sie einen *starken* Multiplikator besitzen. Das tut ihnen nicht weh und bringt weiterhin neue Begeisterung für sie.

## Machen sie ihre Kunden zu Fans

Überraschen sie ihren Kunden mal mit einem „Extra", mit dem er normalerweise nicht rechnet. Sie ernten ohne besonders großen Aufwand eine kostenlose Werbung – durch seine begeisterte Weiterempfehlung.

Stellen sie die kostenlose Probe, sei es ein Testmuster, eine Kostprobe einer speziellen Massagetechnik, eine neue Duftnote, als das „Besondere des Tages" heraus. Tun sie also Gutes, und reden sie darüber. Eine kleine Ankündigung lässt ihre Kunden aufhorchen und offen sein für etwas neues. Nicht selten entwickelt sich daraus „Lust auf mehr", ein Kaufinteresse, ein Bedarf, den sie nach der Anwendung oder Behandlung im dann folgenden Gespräch wieder ansprechen können. Schon ein kleines, besonderes Detail zusätzlich zum gewohnten Behandlungsangebot macht ihre Kunden zu richtigen Fans, und Fans reden gerne über ihre Aha-Erlebnisse. Ihrem Kunden macht es Freude, der

Bekannten davon zu erzählen, was er heute bei der Behandlung seines schmerzenden Rückens Besonderes erlebt hat.

Hier einige Beispiele:
- Der besondere Ausblick: Von der Massageliege aus der Bauchlage heraus erblickt ihr Kunde immer ein anderes Bild durch das Guckloch der Liege, eine Blüte, eine Frucht, ein Zweig aktuell zur Jahreszeit, ein kleines Bild, oder ein Symbol.
- Das Dufterlebnis: Passend zur Jahreszeit zerstäuben sie eine Duftnote, die den Warteraum dezent beduftet. Fragen sie beim Kunden nach, wie sie ihm gefällt, und denken sie daran, das passende Produkt anschließend auch anzubieten.
- Der Gesundheitstipp des Monats: Nutzen sie zum Beispiel für die Dekoration im Wartebereich ein Heilkraut als frische Pflanze. Passend dazu befindet sich die getrocknete Form als Hingucker in einem dekorativen Glas. Auch die Dekoration bietet wirkungsergänzende Körperpflegeprodukte mit Heilkräutern an. Drucken sie ein raffiniertes Rezept aus, das ihre Kunden mitnehmen dürfen.

**Tipp:** Bei allen Aktionen für die Erlebniswelt ihrer Kunden, denken sie stets an den so genannten „Response", an den Rücklauf ihrer Kunden: Das Produktmuster bekommt ihren Adressaufdruck. Das Rezept zum Mitnehmen beinhaltet ihre Kontaktdaten. Ihre Behandlungsempfehlung steht natürlich auf ihrem Firmenbriefpapier.

*Selbst-PR!*

**Tipp:** Seien sie einfach etwas kreativ. Nur begeisterte Kunden empfehlen sie weiter. Verfallen sie dabei nicht in die Dynamik einer „Leistungsinflation", sondern überlegen sie sich eine Kleinigkeit, die zur Jahreszeit passt und die sie gerne „verschenken" möchten.

## Emotionales Verkaufen

Bieten sie als Gesundheits- und Wellnessprofi ergänzend zu ihrer Beratungsleistung unterstützende Produkte an? Die werden sie mit Leichtigkeit dadurch verkaufen, dass sie sie ideenreich anbieten. Denn Kunden wollen verführt werden. Legen sie zum Abrunden ihrer Beratung stets die empfohlenen Produkte vor, so dass sich ihr Kunde damit beschäftigen kann.

Ich habe mich zu Anfang meiner Selbstständigkeit gewundert, dass Kunden erstaunt darüber waren, dass ich die passenden Produkte vorrätig habe. Ich musste besonders betonen, dass ich die Produkte führe, und das obwohl ich direkt vor dem Produktregal saß. Legen sie Verkäufliches also direkt auf den Beratungstisch, so dass der Kunde „anfassen" oder „schnuppern" kann.

Gehen sie kreativ mit ihrem Leistungsangebot um. Eine neu erlernte Methode, ein neuer Effekt, eine andere Anwendungsart will „erlebt" werden, damit sich Abnehmer dafür finden.

**Tipp:** Ihre Kunden wissen oft nicht, was sie alles anbieten und wie gut sie sind. Verweisen sie nach dem „Schnuppern" auf den besonderen Effekt, auf Behandlungsdauer und Preis hin, ggf. mit einem Prospekt.

Zum Beispiel:
- Verwöhnen sie für ein paar Minuten die Füße ihres Kunden mit einer neu erlernten Massage, solange er in der Maske liegt.
- Der Massagekunde testet anhand von kleinen Glasbehältern ohne Etikett „nur" mit der Nase, welches Öl er für seine Rückenmassage möchte.
- Gönnen sie ihren Kunden in der kalten Jahreszeit ein Handpeeling mit anschließender Handmaske und Einwirkungszeit in Stoffhandschuhen. Er wird ihnen nicht nur dankbar sein, sondern das Produkt begeistert mitnehmen.

Ich mache ich die Erfahrung, dass Gesundheits- und Wellnessprofis sich sehr intensiv mit ihrem Fachthema auseinander setzen. Dagegen steht der unterstützende Verkauf von Fachartikeln im Hintergrund. Er wird nicht aktiv betrieben, sondern die Produkte werden zu totem Kapital und fristen im Regal ein Schattendasein.

Ich vermute mal, dass der „helfende Anteil" der Fachberater so im Vordergrund steht, dass der aktive Verkauf als Makel angesehen werden kann.

Auf der Kundenseite wird aus meiner Sicht eine Empfehlung zu Produkten als Hilfe zur Selbsthilfe gerne angenommen. Sie sind bereit, etwas für ihr

Wohlbefinden und ihre Gesundheit zuhause zu leisten und freuen sich über die Anregung vom Profi.

## Aktiv Beraten durch Türöffner

Wenn sie zu einem Arzt gehen, der ihnen innerhalb von drei Minuten Zeit und nach einer Frage bereits eine Diagnose stellt, sind sie zu Recht unzufrieden. Das machen sie als Gesundheits- und Wellnessprofi anders , denn sie fragen W-Fragen, sie achten darauf, welchen Nutzen sich ihr Kunde von Produkt oder Behandlung besonders wünscht.

**Tipp:** W-Fragen sind Türöffner. Es sind Fragen, auf die ihr Gegenüber nicht mit Ja/Nein antworten kann und die mit einem „W" beginnen. Also: was, wann, woher, wie usw.. Das Anliegen ihrer Kunden erforschen sie durch zwei, drei W-Fragen, die es erleichtern, eine kundengenaue Empfehlung oder einen Tipp zu geben.

Ihre offene Haltung gegenüber ihrem Kunden, ihre direkte Ansprache sowie gesprächsfördernde Fragen geben dem Beratungsgespräch den positiven Gesprächsverlauf, den sie sich wünschen.

**Tipp:** Empfehlen sie aktiv und nutzen sie die direkte Ansprache mit einer positiven Wortwahl. Der lästige Konjunktiv lässt ihre Aussage einfach zu defensiv klingen.

„*Für die Unterstützung der heutigen Anwendung empfehle ich ihnen für zuhause...*" statt: „*Man könnte jetzt auch noch XY tun...*", „*Da wäre noch...*".
Schon spürt ihr Kunde über diese defensive Wortwahl, wie wenig Energie Ihrerseits dahinter steht, und er entscheidet sich wahrscheinlich gegen die halbherzige Empfehlung.Entscheidend ist hier wiederum, dass sie selbst (vom Produkt/von der Empfehlung) überzeugt sind. So wirken sie überzeugend.

**Tipp:** Unterstützen sie ihre Beratung durch ihr aktives Zuhören. Das zeigen sie ihrem Gegenüber durch ein Kopfnicken, durch ihren Blickkontakt, durch eine zugewandte Körperhaltung. Geben sie ab und an eine Bestätigung.

## Kunden mögen Orientierung

Ich bin immer wieder verwundert und manchmal verärgert über das, was ich zum Thema Kundenorientierung erlebe. Sie können das besser. Seien sie

„gnadenlos" kundenorientiert, denn auf diesem Gebiet haben sie sehr wenige Mitbewerber. Machen sie sich viele Gedanken, welchen notwendigen – und zusätzlichen – Service sie ihren Kunden bieten können. Der Erfolg eines authentischen Marketing steckt im Pflegen der menschlichen Beziehung zu ihrem Kunden. Es ist die Beziehung zwischen ihnen und dem anderen Menschen, die trägt und zählt, und es erfreut jeden, wenn er über das Notwendige oder Übliche hinaus persönlich angesprochen wird.
Was heißt das konkret?

## Bieten sie Service

Wie viel nehmen sie einem neuen Kunden ab, ehe er zum ersten Mal zu ihnen kommt? Hier einige Beispiele für kundenorientierten Service:
– *Ein Interessent an ihren Workshops kann sich auf ihrer Homepage über ihre Vita und ihre „Philosophie" informieren.*
– *Ihre Seminarbeschreibung ist als pdf herunterzuladen.*
– *Ein Erstkunde findet über Google Maps die Adresse und kann über den Routenplaner prüfen, wie weit die Fahrt ist. Wenn er mit der Bahn fahren möchte, findet er den Link dazu.*
All diese Dinge beschäftigen den Kunden, der zu ihnen kommen will. Versuchen sie, ihm so viele Fragen wie möglich zu beantworten und organisatorische Dinge abzunehmen, so dass ihm die Entscheidung für sie leicht fällt. Das ist der Sinn guten Services.

## Bieten sie Zusatznutzen

Jeder, der etwas geschenkt bekommt, freut sich, wenn er mit dem Geschenk etwas anfangen kann.

*Beispiel nach einem Workshop:*
*Die Typberaterin bietet ihren Teilnehmern ein anschließendes, kostenloses Feddbackgespräch am Telefon (ca. 10 Minuten) an. Dieser Zusatznutzen wird zu Beginn des Workshops als besonderes „Bonbon" angekündigt. Voraussetzung dafür ist, sie wenden die Feedbackregeln an und vermischen dieses Telefonat nicht mit einer Beratung.*

*Beispiel nach einer Ernährungsberatung:*
*In der Beratung wurde der auf den Kunden abgestimmte Ernährungsplan erstellt. Dabei wurde erfragt, was seine Lieblingsgemüsesorten sind. Einige Tage später er-*

*hält er als „Bonbon" per E-mail drei schmackhafte Speisevorschläge, ganz auf seine Vorliebe abgestimmt.*

*Beispiel nach einer Yoga-Stunde:*
*Einer der Teilnehmer hat sich positiv zu unterstützenden kleinen Hanteln geäußert, die er zum Walking mit auf den Weg nimmt. Der Yoga-Lehrer recherchiert zu dem Produkt Informationen und nimmt in der nächsten Stunde für Interessenten eine Sammelbestellung auf.*

Mit solchen Zusatzleistungen halten sie sich in positiver Erinnerung und machen sich weitere „Fans".

**Schenken sie ein Lächeln**

Lächeln sie am Telefon, dann klingt ihre Stimme automatisch freundlich. Auch wenn sie einen Wunsch nicht erfüllen können oder wollen, reagieren sie freundlich, und suchen sie schon bei der Terminabsprache nach Lösungen im Sinne des Kunden, die ihnen leicht fallen.

**Bieten sie Wertschätzung**

Haben sie nach einem Beratungstermin schon mal betont, dass sie sich über eine Weiterempfehlung sehr freuen? Ich kündige bei der Verabschiedung an, dass ich mich mit einem kleinen Geschenk für Empfehlungen bedanke. Das führt bestenfalls dazu, dass sich alle Beteiligten freuen können, und dass man später über meine Beratung noch ausgibig reden wird.

Zeigen sie Interesse daran, wie es ihrem Kunden nach der Beratung oder Behandlung geht. Dazu nutzen sie ein Telefonat ca. drei Wochen nach Termin und fragen nach. Für sie ist es eine willkommene Gelegenheit, sich Rückmeldung über ihre Vorgehensweise und die Wirkung einzuholen. Bereiten sie dafür zwei, drei Fragen vor, deren Antworten ihnen hilfreich sein können. Ob ihr Kunde für dieses Gespräch bereit ist, lässt sich gleich nach der Begrüßung klären. Manchmal ist ein zweiter Anlauf notwendig, wenn der Angerufene aktuell keine Zeit hat. Dafür ist er umso aufmerksamer und fühlt sich sehr geschätzt, wenn sie es ein zweites Mal versuchen.

**Tipp:** Suchen sie sich einen Kunden für das Gespräch aus, zu dem auch sie Vertrauen haben. Nutzen sie einen „Gute-Laune-Tag" an dem es ihnen leicht fallen wird. Jedes Feedback, gleich ob positiv oder negativ, ist ein wertvolles Geschenk. Eine positive Rückmeldung stärkt sie in ihrem Tun, eine negative Äußerung wird ihnen Gelegenheit geben, etwas zu verändern. Das hilft ihnen weiter, Erfüllung, Freude und Erfolg bei ihrer Arbeit und zufriedene Kunden zu haben.

### Seien sie dankbar

Damit ist ein Dank an ihren Kunden für sein Vertrauen gemeint. Oder ein Danke für die spontane Hilfe eines Netzwerkpartners, ein Danke für eine Kundenempfehlung oder die Unterstützung eines Trainerkollegen.
Und schenken sie sich selbst ein großes DANKE für ihr Vertrauen in sich, denn das ist die Voraussetzung für ihren Erfolg als authentischer Gesundheits- und Wellnessprofi.

# Zum Schluss

## Danke

Ich möchte mich an dieser Stelle sehr bei meinen Kunden bedanken, die ich in den letzen Jahren beruflich begleitet habe. Durch ihr Vertrauen in meine Arbeit konnte ich mit fantastischen Menschen arbeiten und dadurch ebenfalls wachsen.

Und ich bedanke ich mich sehr bei ihnen. Sie sind mir auf dem Weg, ihren Wünschen Raum zu geben, ein großes Stück gefolgt. Sie haben sich auf den Prüfstand gestellt, ihre Stärken und Lernfelder erkannt und an ihrer Präsenz gefeilt. Dabei war ihr Kopf ebenso gefragt wie ihr Herz.

Nutzen sie ihre Erkenntnisse, ihre Rückschläge und Erfahrungen wie feste Bodenplatten auf ihrem Weg zum Erfolg als Gesundheits- und Wellnessprofi, denn die geben ihnen unterwegs den nötigen Stand.

Vielleicht haben sie ihren persönlichen Positionierungsgipfel schon erreicht. Dort angekommen, weht manchmal ein böiger Wind. Dafür haben sie einen einzigartigen Ausblick und werden schon aus weiter Entfernung sehr gut gesehen. Ab und an werden sie sich immer mal wieder hinterfragen, ob ihre Ziele und ihr Weg noch stimmen. Das bringt die ständige persönliche Entwicklung in der Selbstständigkeit so mit sich. Nutzen sie dann wieder einzelne Übungen, Tipps und Tests aus diesem Buch. Sie werden ihnen bei Zweifeln und Unsicherheiten zu einem bestimmten Thema hilfreich sein.

Denken sie immer daran: Wer im Vertrauen mit Menschen und an sich arbeitet, der wird auch in Zukunft nie ohne Arbeit sein.

Ich danke den Expertinnen Heike Wagner (www.wagner-kommunikation.de) und Silke Wolter von FeinDesign Bad Soden für ihren Beitrag zum Webmarketing, Andrea Leitold für die Webtipps für HPs und meiner Schwester Beate für ihr geduldiges Korrekturlesen und ihr Feedback.

Mein ganz besonderer Dank gilt Sylvia Reiss, die über viele Jahre als meine wertvollste Begleiterin und Coach an mich geglaubt, mich motiviert und inspiriert hat, und die mir gleichzeitig zur geliebten Freundin wurde, mit der es niemals langweilig wird. Danke Sylvi!

## Vita der Autorin

Andrea Schulte-Herr
begleitet seit vielen Jahren Trainer, Fachberater und Coaches auf ihrem Weg zu einer treffsicheren und für sie stimmigen Präsenz.

Mit achtsamem Blick auf vielfarbige Facetten, Stärken und Wirkung ihrer Teilnehmer bildet sie die Brücke zwischen Persönlichkeit und Positionierung.

Nach ihrer Ausbildung als Kauffrau sammelte Andrea Schulte-Herr wichtige Praxiserfahrungen im Facheinzelhandel als Expertin für Ganzheitskosmetik.

Nach erfolgreicher Angestelltenkarriere wechselte sie in die Rolle als Fachdozentin an der Akademie Gesundes Leben und wagte 1992 den Schritt in die berufliche Selbständigkeit als Imageberaterin und Coach.

Ihre Qualifikation beruht auf Fortbildungen zu Kommunikation und Moderation, systemisches Coaching (zertifiziert nach DBVC), Physiognomik und Life Balance Themen. Heute ist sie im Einzelcoaching wie als Referentin in Unternehmen und berufsbildenden Fachakademien unterwegs und gibt ganzheitlich orientierten Menschen die Initialzündung zu ihrer authentischen Selbstvermarktung.

Sie ist im Netzwerk Ganzheitlichkeit aktiv, als Mentorin im SET Wirtschaftsförderprogramm Hessen tätig und veröffentlicht Beiträge in Fachzeitschriften.

## Empfehlungen/Buch- und Linktipps

### zu Persönlichkeit

colori Typologie® – ein ganzheitlich erfahrbares Persönlichkeitsprofil, das Präsenz und Persönlichkeit stärkt
www.colori-akademie.de – Authentisches Marketing für Trainer, Berater und Coaches
www.jungfermann.de – Fragen der Körpersprache, S. Mühlisch
www.dietz-training.de – Coachingausbildung & Seminare Emotionale Intelligenz
Persönlichkeitsmarketing – Gabal Verlag, Chr. Gierke
Der Körper als Spiegel der Seele – GU Verlag, R. Dahlke
Ich weiß, wer Du bist! – Droemer Knaur Verlag, T. Strobel
Der Nasenfaktor – Gabler Verlag, H. Liebmann

**zu Passion**

Rasierte Stachelbeeren – Gabal Verlag, P. Sawtschenko
Positionierung – Gabal Verlag, P. Sawtschenko
Eigenlob stimmt – Econ Verlag, S. Asgodom
www.sabine-asgodom.de – S. Asgodom
www.ziele.de – Peter Seiwert
www.anne-kerstin-busch.de – Einzigartigartigkeit kommunizieren, A. Busch
www.akademie-gesundes-leben.de – Qualifizierung & Seminare für ganzheitliche Lebensführung

**zu Präsenz**

www.zielerreichung.de – U. Bergmann
www.colorcircus.de – Arbeitsmaterial für Imageberater
www.corporatecolor.de – Ausbildung & Netzwerk professioneller Imageberater
Feng Shui – Leben und Wohnen in Harmonie – GU Verlag, G. Sator
Büro, Mensch und Feng Shui – Callwey Verlag, M. Lipczinsky & H. Boerner
Selbstmarketing – GU Verlag, G. Härter & Chr. Öttl
Small Talk. Nie wieder sprachlos – Haufe Verlag, S. Lermer
Verführung mit Worten – Kösel Verlag, K. Angermayer

**zu Plattform**

Erfolgreich Netzwerken –BOD Verlag, Vernetzungsspezialistin S. Piarry
Ganzheitliche Werbung – BOD Verlag-M. Albrecht
www.networkingscout.de – Übersicht unterschiedlicher Netzwerke
www.therapeuten.de – Portal für ganzheitliche Therapien und Therapeuten
www.kosmetik-rudolf.de – Kundenorientierte Studioführung
www.entspannung-und-gesundheit.de – Institut für ganzheitliche Entspannung und Gesundheit
www.mein-heilpraktiker.de – deutschlandweite HP Datenbank
www.rosenberg-ayurveda.de – Ayurveda Schule Birstein
www.netzwerk-ganzheitlichkeit.de – für ganzheitlich tätige Menschen
www.fotolia.de – Fotos / Abbildungen für Werbezwecke
www.wunderbar-design.de – Webdesign für Heipraktiker
www.leitold-erfolgsgestaltung.de – C. Leitold

**Fotos/Skizzen**

Foto Portrait: www.lichteinfall-web.de
Fotos der Farbpaletten: www.colorcircus.de
Mindgraphic Skizzen und Abbildungen: Andrea Schulte-Herr
Mindgraphic Methode: www.mindgraphic.ch